经典 历史

中国历史上著名的
思想家

李默 / 主编

广东旅游出版社
GUANGDONG TRAVEL & TOURISM PRESS
悦读书·悦旅行·悦享人生

中国·广州

图书在版编目（CIP）数据

中国历史上著名的思想家 / 李默主编 . — 广州：
广东旅游出版社 , 2013.10（2024.11 重印）
　ISBN 978-7-80766-661-5

　Ⅰ . ①中… Ⅱ . ①李… Ⅲ . ①思想家－生平事迹－中
国－通俗读物 Ⅳ . ① B2-49

中国版本图书馆 CIP 数据核字 (2013) 第 221352 号

出 版 人：刘志松
总 策 划：李　默
责任编辑：张晶晶　梁诗淇
装帧设计：盛世书香工作室　腾飞文化
责任校对：李瑞苑
责任技编：冼志良

中国历史上著名的思想家
ZHONG GUO LI SHI SHANG ZHU MING DE SI XIANG JIA

广东旅游出版社出版发行

（广东省广州市荔湾区沙面北街 71 号首、二层）
邮编：510130
电话：020-87347732（总编室）020-87348887（销售热线）
投稿邮箱：2026542779@qq.com
印刷：三河市嵩川印刷有限公司
　　　（河北省廊坊市三河市杨庄镇肖庄子村）
开本：650×920mm　16 开
字数：105 千字
印张：10
版次：2013 年 10 月第 1 版
印次：2024 年 11 月第 3 次印刷
定价：45.80 元

出版者识

　　《了解历史丛书》是一部全景式图文并茂记录中国文明历史的大书。出版者穷数年之力，会集各方力量——专家、学者、编辑、学术顾问们，在浩如烟海的历史档案、资料、著作中，探珍问宝，追寻中华文明在悠悠历史长河中的灿烂之光。此书的出版，凝聚了编撰者的心血，学术顾问们的智慧。尤其是李学勤先生，亲自动笔写下了序言，更增加了本书沉甸甸的分量。

　　中华文明的历史充满了辉煌与苦难，成就和挫折。它的历史无处不在，决定着我们中国人今天的思想和感情。当今的中国和中国人是中华文明的历史造就的，是中华文明的历史的延伸，也是它的一个组成部分，中华文明的历史之河奔流到现在。

　　中华文明是人类历史上最伟大的文明之一，是人类文明发展的主要构成。中华文明丰富、深刻、辉煌、博大，在人类文明中的骨干作用和领导作用人所共知。在人类文明的发源时期，中国就是四大古国之一，是地球上文化的策源地之一。在人类文明的早期，中华文明已成为文明在东方的支柱，前后200年间，人类的汉帝国与罗马帝国这两只铁手攫住了地球。在欧洲进入中世纪的时候，中华文明更成为了人类文明最主要的领导，它的文明统治东亚，传遍世界。进入近代，中华文明处于自身的重压和西方的欺凌下，但中国人民的斗争史和奋起精神是人类文明历史中不可缺少的一页。

　　五千年的中华文明为人类贡献出了从思想家孔子到科学技术的四大发明、从唐诗宋词到长城运河的伟大创造，贡献出了从诸子百家到宋明理学，从商周铜器到明清文学的深刻内涵，也贡献出了从五霸七强到三国纷争、从文景之治到十大武功的辉煌历史。中华文明的历史绚烂多彩，在人类文明的历史长河中永放光芒。

　　中华文明也是人类历史上最独特的文明，没有哪一个文明像中华文明这样持久，这样统一一致。世界上其他文明不但互相交错，其创造者也都与高加索人种有关，它们是姐妹文明。在人类历史中，只有中华文明才是独特的，它的创造者是中国土地上的中国人民，与其他任何地方的人民都没有关系，它的文化是统一一致的文化，可以不依赖于其他任何文明而生存，但中华文明也绝不是封闭的，它接受他人的文化，也承担自己对于人类的责任。

　　人类进入新世纪，中国的社会经济发展令世人瞩目。人们对于世界未来的政治和经济结构的估计无不以东亚和太平洋为中心，而尤以中国为重点。

经济起飞只是当代中国的一个方面，中国的精神文明的建设尤为刻不容缓。如果中国要自觉地发展中华文明，要有意识地使中国的发展具有世界意义，就必须发展强有力的精神文化，这样才能使中华文明的发展进入一个新的阶段，才能形成中国和中华文明的全面现代化。

而中国的精神文化的发展植根于中华文明的伟大传统之中。进入近代之后，在西方文化的冲击下，对于中国文化的价值产生大量的情绪化和激烈冲突的论调。"五四"运动"打倒孔家店"的口号具有冲破封建束缚的时代意义，对中国文化的发展有不容否认的正面意义，与文化虚无主义是完全不同的。文化虚无主义者否定中国传统文化，在现代化的旗帜下主张全盘西化；而复古主义则沉迷于中国文化的古董，走进反进步、反科学的泥潭。

历史的发展则超越了所有这些论点，产生这些论调的一百多年来的中国近代史已经结束。历史要求中国发展，要求中国走在全世界发展的前列。西化论和复古论都已过时，历史已经要求世界超越西方，中国可以承担起世界的命运，而中国的现实和世界的历史都说明，中国的使命在于它的发展前进，而非倒退。

中华文明走出迷惘的时代，我们这一代处在一个伟大而具有挑战的历史阶段。

总结历史、展望未来，这就是《了解历史丛书》的意义和使命。我们创作《了解历史丛书》，力求总结和回顾中华文明的全貌，在内容和形式上都开创一个新的局面。在内容结构上，既具有一定的深度，又具有相当的广博性，既有严谨、准确的学术价值，又有活泼、流畅的可读性。我们在本丛书内容纳了中华文明的各个方面，使它综合了大规模学术著作的系统性、严密性和普及读物的全面性、简易性，它既可作为大型工具书检索中华文明的各个成分，又可作为通俗的读物进行浏览。

我们从上世纪 90 年代初起就开始思考中华文明的历史和现实问题，并逐渐形成了编著《了解历史丛书》的设想。在开展这项庞大的文化工程之始，我们就聘请了国内权威学者李学勤、罗哲文、俞伟超、曾宪通、彭卿云诸先生担任学术顾问，他们对计划作了充分讨论，并审阅了大量初稿。我们聘请了广州、香港地区的社会科学学者、大学教师、研究生以及我社编辑人员几十人担任稿件的撰写工作。

通过创作这部书，我们深深地感受到了中华文明的博大精深，也感受到了它的内在缺陷。中华文明具有辉煌的时期，也有苦难的年代，有它灿烂的成就，也有其不足的方面。中华文明在自身中能够吸取充分的经验和教训，就能够使自身健康壮大，成长发展。

通过创作这部书，我们也深深感受到了出版事业的使命和重任。我们希望这部书能受到广大读者的喜爱，起到它所应当起的作用。为中华文明的反省、前进和奋起作一点贡献。

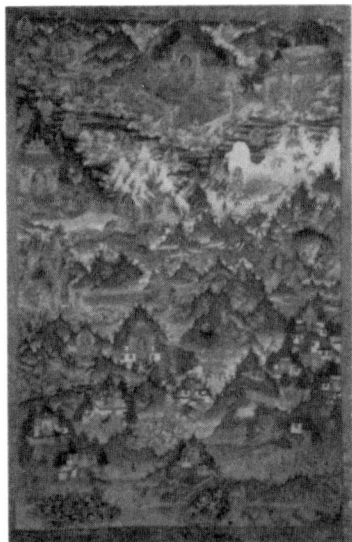

老子著书出关·《道德经》代表中国纯粹哲学

据传春秋战国之际，我国古代著名哲学家、道家学派创始人老子著写《老子》，阐述他的哲学思想。

老子，姓李名耳，字聃，楚国苦县（今河南鹿邑）厉乡曲仁里人，曾任东周王朝守藏史，掌管图书典籍。相传孔子曾向他问过"礼"，他则给孔子讲述许多深奥的道理。他一生修行道德，晚年才"著书言道德之意"。是为《老子》，又名《道德经》，全书分上下篇，共81章，计5000余言。在《道德经》一书中，老子以"道"为核心，创立了他的哲学体系，包括世界本原说、朴素辩证法及认识论等等。

"道"是老子哲学体系的核心，他认为"道"先于世界万物存在并且是

老子授经图。春秋时期的思想家老子，后来被道教徒神化，奉为教主，在中华大地的多元神系中，占有重要的一席。本图绘出了老子在松树下坐在榻上授经的场面。仙风道骨的老子，颇具"天尊"的气度。

产生世界万物的神秘本原，"有物混成，先天地生。"、"吾不知其名，字之曰'道'"就是说在天地形成之前就有一个浑然一体的东西存在。在老子看来，"道"是一个神秘的、不可感知的精神性实体，并且由"道"可生出万物世界。"道生一，一生二，二生万物"（《老子》第四十二章），可以说由"道"化生出元气，由元气产生阴阳二气，再由阴阳二气和合而产生天地万物，老子以"道"为万物本原的学说，结束了传统的上帝鬼神的传统，提高了哲学思辩的高度。

以"道"为基础，老子又提出他的朴素辩证法思想，他认为无论自然界还是人类社会，无时无刻不在运动变化之中，并在这运动变化之中概括出一系列相互矛盾的范畴，如有无、福祸、美恶等。并指出每一矛盾范畴的两个对立面是相互依存和相互转化的，"天下皆知美之为美，斯恶已。"就是说，当天下人都知道美之所以为美的时候，也就知道了丑的含义了。在承认矛盾双方互为存在条件的前提下，老子还认为对立面双方并非一成不变的，而是无不向其反方面转化，提出"反者道之动"的朴素辩法思想，作为事物矛盾转化的普遍法则。"祸兮，福之所倚；福兮，祸之所伏"。

在认识论方面，老子否认人的知识来自于感觉经验，他认为体认"道"，完全不需感性认识，只需要"虚静"、"玄鉴"的认识方法，即可达到"闻道"的目的。"虚静"、"玄鉴"即要求人们内心虚静，不持任何成见，也不受任何外界干扰，以达到心灵虚静的状态。以这为基础，他反对启迪民众智力，要人们"绝圣弃智"、"绝学无忧"，公开主张实行愚民政策，以维护统治阶级的统治。

老子除了将"道"作为世界万物的本原外，还将之作为是万物的归宿。万物从"道"而生，最后又复归于"道"，"夫物芸芸，各复归其根。归根曰静，是谓复命。"这一思想反映到社会历史观方面，老子认为人类应重返纯朴的自然状态，从而形成了他所谓"小国寡民"的乌托邦思想。

老子的哲学思想，到后来基本上发展为两个方向。一是庄子将老子的世界观发展成为虚无主义；另一就是将"道"解释为规律，以"道"为礼、法的思想依据，形成了法家学派。此外，老子的思想对后来道教哲学也有很大的影响，被奉为道教"教主"。

老子的本体论是体系的，而且惊人地清晰。它把道确定为世界的本体，它是无差异的、不可以以人的感觉和知性把握的先天存在，它生成万物，生成的方式是差异化和递归，物之所以存在是因为它被生成，其所以生成的过程和方式就是德。老子花了大量篇幅谈道的无限、无差异和非知识，并谈及它与世界的生成关系（这关系引起了混乱，似乎它才是道，是生成，而本体是"自然"，道法自然，老子的"道"在这里不是很清楚）。

老子的哲学是完整体系，道无结构无组合，它以差异、递归、德育产生出万物。道是真正的纯粹（而非实践、社会）哲学，他的行为哲学也完全从关于道（理）的理论中引出，因而他是中国真正唯理主义的先驱与代表。

老子的认识论、社会哲学和行为哲学由此派生，并偏激地向无差异、无为的道回归而放弃另一方，这完全起源于他本人对他的时代的认识和个人道德倾向，对后世产生了很大的、一般说来是消极的影响。

老子骑牛图，北宋晁补之绘。道家创始人老子倡导的恬淡虚无、清净无为、抱朴归真的人生观倍受后人推崇，成为后世养生学的基本准则。

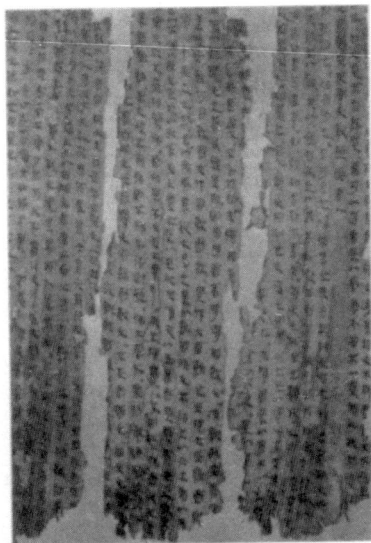

西汉帛书《老子》（残页）

晏婴论乐

　　周景王二十三年（前522年），晏婴对音乐作了论述："一气（动感情）、二体（舞有文武）、三类（《风》、《雅》、《颂》）、四物（四方之物制成乐器）、五声（宫、商、角、徵、羽）、六律（黄钟、太簇、姑洗、蕤宾、夷则、无射，阳声为律，阴声为吕）、七音（宫、商、角、徵、羽、变音、变徵，即今谓音阶）、八风（八方之风）、九歌（九功之德皆可歌颂）以相成也；清浊、小大、短长、疾徐、哀乐、刚柔、迟速、高下、出入、周疏以相成也；清浊、小大、短长、疾徐、哀乐、刚柔、迟速、高下、出入、周疏以相济也"。这是我国较早而完整的一种音乐理论。周景王令晏婴铸"无射"编钟，曾向著名音乐家伶州鸠请教音律，这时已有以黄钟为首的十二律，而且以此作为铸钟的理论根据。

　　晏婴论音乐、论同和，以及单旗"子母相权论"的提出，老子道学的出现，表明中国这一时代已出现了一些理论，开始在较抽象的领域发展，中国文明在各个方面开始展开。

演奏图，清人任熊绘。

弹箜篌图，清人任熊绘。

孔子逝世

周敬王四十一年（前479年）四月十一日，孔子逝世，享年七十二岁。鲁哀公作诔文悼念孔子，开后世诔文之先河。孔子的门徒服丧三年，而子贡则在墓冢旁建房而居，六年之后才离去。因为孔子弟子及鲁国人在孔子墓附近聚居，所以墓地一带就叫孔里。

孔子在浓厚的礼乐文化氛围中长大，加之他勤奋聪慧，少时已掌握礼、乐、射、御、书、数等方面的知识，以好礼而闻名于鲁国，并曾专程到周向老子请教礼仪。

孔子少时贫贱，前半生热衷政治，曾作季氏小吏。鲁昭公二十五年（前517年），孔子在齐高昭子家作家臣，后来又回到鲁国，聚集门徒讲学，门徒日增。鲁定公时，孔子曾出任中都宰、司空、大司寇官职。前500

孔子行教图。孔子"有教无类"与"因材施教"的教育思想，在中国的历史长廊里永放光芒。图为唐吴道子所作《先师孔子行教像》碑。

年，他随定公在夹谷会见齐景公。前497年，孔子想伸张国君的权利而堕三都，但由于孔子本质上是个文人，他的政治主张多是理想化的，不切合实际，堕三都以失败告终。前496年，孔子摄行相事，执政两月使鲁国大治。后因不满鲁国当权的季氏的作为，弃官离鲁，带领弟子周游卫、陈、宋、郑、蔡、楚等国，多次遇险。孔子四处游说，但终不见用。前487年，孔子回到鲁国。

孔门弟子守丧。孔子离世后，弟子们守丧三年（明无名氏《圣迹图》），表示守礼和尊奉先师。

晚年的孔子不再求仕，自称"不怨天，不尤人，下学而上达"，闭门治学，潜心研究礼仪。他与弟子整理古籍，评论时事人物。传说作《书传》、《礼传》，为《易》作《彖辞》、《象辞》、《系辞》、《序卦》、《说卦》、《杂卦》、《文言》（人称《十翼》）；删减《诗》三千多篇为三百零五篇；整理《春秋》，使文辞简约而内寓褒贬；正乐，成六艺以备王道。孔子的主张虽然不被当时的君主所采用，影响却很是深远。他门下弟子三千，孔子以文、行、忠、信教诲他们，身通六艺有七十二人。

孔子信天道、天命，乃至鬼神，但他却少谈或不谈它们。在严格意义上把孔子作为哲学家是愚蠢的，但是，在严格的意义上不把他作为哲学家也是无知的。他并没有建立天道、自然的本位论学说，而是采取存而不论的态度，也就是在哲学上对天道和传统采取中止判断的手法。

在此基础上就是中止判断后重建的行为（他自称不是生而知之，必须学，就是这个意思），他的行为哲学的本质就是一种大同思想：将对象无区别地纳入自身，不断更新的大同就是"日新"。在伦理上，他认为人性大同，不应区别对待，他的仁（爱人）的核心是恕：恕是真正的、无区别的爱，他不是三纲五常伦理的提出者，他的礼多半指的是文明（在这一点上是矛盾的，他确实区别了社会等级，但也说过礼不是它们）。在教育上，他的方法是有教无类。在政治上，他提倡天下为公的大同社会。

孔子的伦理、社会思想在很多地方都是不统一乃至矛盾的，但是他的大同精神、日新精神和存而不问但求进取的精神却是战国文明的主导精神。

孔子的仁兴于诗、立于礼、成于乐的思想就是美的功用的分析（诗言志，因此仁成于意志，立于有别，成于和）。再结合其兴、观、群、怨说，就可以说，孔子的学说主要的是分析美和艺术对于个人和社会的功用。

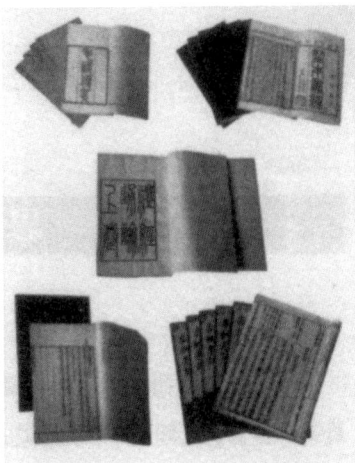

《六经》书影。孔子删定的"六经"，是《诗》《书》《礼》《易》《乐》《春秋》六书。其中除《乐》原书不存外，其余五经尚存。图为后人辑注的《毛诗传笺》《书经》《礼经通论》《虞氏易》《春秋集语》。

但是，无可置疑，从他的言辞和儒家对于音乐、和的使用和推崇来看，他接受了关于和的基本理论，这是其大同哲学的一个来源。

他关于尽善与尽美、文质两全以及中庸等审美标准的热衷对后代产生了很大影响。

孔子的道德学说与春秋道德思想有联系。春秋人从西周的天道观下的德中解脱出来，以德作为政治、行为的规范，对于义、信、仁、忠等范畴从个人的角度进行规范，这是战国道德思想的发生。孔子完成了春秋的道德思想，从无本体（无天、无神）的纯人文角度设立了道德。

孔子的仁是社会道德的代名词，他的周礼是虚的，"人而不仁如礼何"，"礼云礼云，玉帛云乎哉"。因而他以仁为中心，以大同的恕为核心建立了仁的规范（中庸也与恕有关），并将仁与礼、义、智、勇、信等联系起来成为一个规范体系，与"性相近习相远"的观点相关，他提出了道德渐成和修养的学说。孔子是真正的伦理思想家。

思想家子思逝世

周威烈王二十四年（前402年），思想家子思逝世（前483年—前402年）。子思，姓孔，名伋，孔鲤之子，孔子之孙，鲁国陬邑（今山东曲阜）人，传为曾参弟子。他以儒家道德观念"诚"（真实无妄之意）为世界本质，以"中庸"为学说核心。把"诚"视为超乎时空独立自成的精神实体，又视之为社会伦理制度之准则。认为天地万物依赖它而存在，又说："诚者，天之道也；诚之者，人之道也。"以"诚"为天人合一的理论依据。后世尊子思为"述圣"，著有《中庸》。

《中庸》是儒家的经典之一，重点发挥孔子"过犹不及"的思想，要求人们追求"和而不流"、"中立不倚"的境界，在君臣、父子、夫妇、兄弟、朋友这五种关系中实行智、仁、勇三德，以此为修身、治人、治国的基本。《中庸》的核心观念是"诚"。这些观点对后代的思想产生了深远影响。

子思的弟子孟子也发挥其说，形成战国

战国早期鹰首提梁壶。壶口与盖作鹰首状，双目圆睁，喙启闭灵活。提梁穿过盖上双环，与头部的双耳衔接。壶头长，腹深，平底，矮圆足，通体饰瓦纹，腹中部一道凸弦纹，腹背有一环形钮。整个器物造型生动，纹饰质朴，设计合理，使用便利。

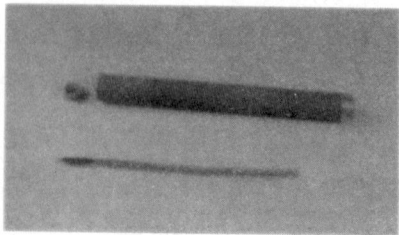

战国时期的毛笔

较早的儒家流派代表——思孟学派，思孟学派作为发扬孔子学说的主要派别对后来宋明理学有很大影响。

1973年长沙马王堆一号汉墓出土帛书中有一组古佚书，经学术界研究，很可能属于思孟学派的"五行说"。

邹衍创五德终始说

战国时期，阴阳家邹衍（号"谈天衍"）有感于治国者日益荒淫奢侈，不能以德治国，乃深观阴阳消息而作《终始》《大圣》等篇提出了他的大九州说和五德终始说。

邹衍试图将宇宙各部分连贯为一个整体，并给予总的说明。他认为：中国是"赤县神州"，内有九州；像"赤县神州"这样的州，共有九个。中国是大九州中的一州，而这样的大九州共有九个，中国不过是全世界的八十分之一，这就是大九州说。它按照先验推理的方法由小及大、由近及远、由已知推及未知、由有限推及无限。因为其中含有很多幻想的成分，所以它是一种神秘主义。

邹衍在总结早期阴阳学说的基础上，提出了"五行生胜"的观点。他认为：水生火、火生土、土生金、金生水、水生木是"五行相生"的转化形式，反过来又存在着水胜火、火胜金、金胜木、木胜土、土胜水的"五行相胜"的对立关系。这种五行相生、相胜的特点，决定着自然界的变化，也决定着人类社会的更替。他认为虞、夏、殷、周的历史是一个胜负转化的发展过程，它按照土、木、金、火、水依次相胜而具有阶段性。他预见以后的发展是"代火者必将水"。五德终始说对后世产生了深远的影响。秦统一后，推五德之运，以为秦代周为水德，于是以十月为岁首，衣服旄旌节旗皆尚黑。重刑法，刻薄寡思，以合于水德之数。五德终始说为中国古代的"正闰"思想奠定了基础。汉以后的历代王朝都自称"奉天承运"，把五德终始说作为他们改朝换代的依据。

慎到去世

周慎靓王六年（前315年），思想家慎到（约前395年—前315年）去世。慎到，赵人。曾在齐稷下讲学，早期接受道家思想，后转为法家。主张"尚法"和"重势"，认为"法虽不善，犹愈于无法"，"民一于君，事断于法"，强调"势位足以拙贤者"，"抱法处势"。创法家中"势"的一派。著有《慎子》。《慎子》主要讲"势"。宣称凭借权位，有重权高位便能治天下，用不着等待贤智。更强调"势"的作用，指出："尧为匹夫，不能使其邻家；至南面而王，则令行禁止。由此观之，贤而不足于服不肖，而势位足以屈贤矣。"有了权，有了法，即使一个平凡的君主也可以"抱法处世"，"无为而治天下"。

孟轲与世长辞

周赧王十年（前305年），儒家亚圣孟轲去世。

孟轲（前390年—前305年），战国中期邹人。他曾游历过宋国、滕国、魏国、齐国。最后，孟轲退居于邹邑。孟轲在奔走于各国期间努力宣传王道和仁政，激烈抨击某些国君的虐政和霸道。他主张效法先王，推行尧舜之道。他将政

孟轲像

治体制分为"霸道"与"王道"两种，认为只有行"王道"者才能成为圣王，为天下所尊崇。

他是个极端天命论者，但他的天命是通过民意、时势体现的，于是就在一个不可确说的势、时上将天命与世界结合了起来。同样的方法也见于他的思想的主体：性善论。他也提出了一个类似的，像

孟庙碑刻。"孟母三迁"和"断机教子"的故事，展示了孟子成才的道路。从现存于孟庙中的这三块碑碣，可以辨认孟子勤勉学习、传播儒学的足迹。

水流一样的东西："性"，将人心与人的行为结合了起来，因此他的绝对心论就通过一个不可确说、只能用流水比喻的性来实现了。在此基础上他提出了养心、养气的说法，并且把孔子所未能实现的德政的实施办法归结为当权者的一点善心。孟子的内容（德政等）为汉代继承，他的心、性的概念为新儒家接受，虽然他并未将天命与心看作一回事。中国的心理学从孟子开始。孔子的性习分立以及智力差异启其端，但孟子是关键。他从本体论上借用来一个模式，用来说明心和行之间有一个性，规定性的性质如流水，并成为性善论的大师。其实他的性善论是心善论，他以恻隐、羞恶、辞让、是非为心本有，

孟子出生地凫村

孟府。山东邹县的孟府，是孟子后人居住之所。元至顺二年（公元1331年）封孟子为邹国亚圣公，自此孟府也称亚圣府。

才发展为仁义礼智。进而他提出了先天的良能良知。孟子的心、性、智等概念都是当时经常讨论的问题，但他给出了一个心理结构并建立了心的先天论基础，是真正的心理学理论。

庄子作《逍遥游》

战国中晚期，宋国著名哲学家庄子写成以《逍遥游》为主的一系列哲学著作，构成道家的重要理论，也成为道教的主要经典，对中国哲学、美学、文学和中国文化产生了深远的影响。

庄子（前369年—前286年）名周，宋国蒙（今河南商丘）人，他出身穷苦，靠打草鞋为生，一度在蒙做过漆园小吏，以后便终身不仕。庄子生性孤傲，曾拒绝楚威王的厚币相聘，一生过着贫困的隐居生活。

庄子学识渊博，才华横溢，常以寓言的形式表达哲学思想。他吸收老子《道德经》的思想，并进一步发挥，形成自己的思想体系。在先秦百家争鸣的学术氛围中，庄子哲学占有重要的地位，他因此与老子并称道家宗师。《逍遥游》充分体现了庄子哲学的内在禀赋和独特气质。而《逍遥游》的超然姿态又与万物齐一的观念以及忘却自我、与道合一的精神修炼紧密相关。所以《逍遥游》、《齐物论》与《大宗师》三篇自成一体，构成庄子哲学的基本架构。《齐物论》以相对主义的认识方式齐是非、齐彼此、齐物我；《逍遥游》主张各任自性的生存方式；《大宗师》以论道和修道为主要内容，说明达到逍遥游的修炼方法。

《逍遥游》是庄子哲学思想的中心，《逍遥游》一文以鲲鹏和蜩鸠为例，说明凡物各有自然之性，只要顺应自性，任性而生，就可以逍遥自在，恬然自得。鲲鹏不必因为自己大而傲视蜩鸠，蜩鸠也不必因为自己小而羡慕鲲鹏，两者虽有大、小之差，但都可任性逍遥。这个寓言阐释了求道应该从自性中寻找，道既是无形无相、自本自根、先天地生的绝对本体，同时道又普遍存在于万物中，万物顺应自性存在，各有其本性，各有其生存方式，所以物与物之间又存在高低、贵贱的分别，从道的角度审视，万物齐一。逍遥游的生存方式与齐物论的哲学观点在这里统一起来。

不过，鲲鹏和蜩鸠这些动物虽然能任性逍遥，但还要依赖外界条件，只能达到有待的逍遥，这不是逍遥游的最高境界。庄子所追求的是绝对无待的精神自由——乘天地之浩气遨游无限宇宙。庄子肯定人通过自身修炼可以达到自由无待的境界，而且指出通过这种境界的修持方法，叫"心斋"或"坐忘"。意思是说，心、神专一，超越具体思维活动，保持身心虚寂进而忘却自身的存在与道合一，这时人的心神就可以不受外界条件限制，自由自在地遨游于道、我合一的无穷境域。

庄子描写的逍遥游，在许多人看来只是一种虚幻的仙境。事实上，庄子的"心斋"或"坐忘"不能理解为认识方法，由"心斋"或"坐忘"所达到的境界是一种审美体验，它丰富了中国美学。庄子的逍遥游开出的审美境界影响了中国艺术的发展，逍遥游体现的那种逍遥无待的道家风范为历代文人学者喜爱，成为中国艺术精神的一大特色。汪洋恣肆的文风使《逍遥游》成为中国文学史上的佳作，影响深远。

庄子及其后学的著作集成《庄子》，对后世形成多方面的影响。在宗教方面，它成为道教的一部经典，唐天宝元年诏号《庄子》为《南华真经》。哲学方面，《庄子》与《周易》、《老子》在魏晋时期并称"三玄"。玄学代表人物向秀、郭象发挥《庄子》的思想，作《庄子注》。在文学史上《庄子》也占有重要地位。此外，历代思想家都借注释《庄子》发挥自己的思想。

老庄并称为道家宗师，但其实他们不同的地方远多于相同的地方。庄子的本体论是其艺术哲学的一个模式翻版。

庄子以音乐和乐人作为他的主要思想（甚至孔子、颜渊在他的书中也如此），他的"虚静恬淡"的仙人之乡是一种旋律虚化所构成的世界（与理念世界迥然不同），是与言不同的意，而达到它的方式就是游，是主体的一种超越

老庄像。春秋、战国时期"诸子百家"中的道家，以老子和庄子为代表，合称"老庄"。清任熊绘的老庄像，表现的就是"庄生游道遥，老子守元默"的情形。

活动。心斋是忘我，是对主体客体同时超越，进入一个"道"和"和"的世界。

与这个世界相似的是老子的道，因而庄子才成为道家（但其实二者是不同的，道更多的具有唯理性质，它的能生性更有逻辑意义），他把老子的道作为一个对象，但赋予道的是驱驰、变动，也就是游的性质，这就与老子拉开了距离。

庄子大量使用比喻手段（河水、大鹏、仙人、梦蝶），这是他的气质，用来表现游的特质（因而他并没有对它本身作有意义的独立刻画），他达到这个境界与他的艺术气质有关，因而后代人无论如何模仿都达不到他的水平，因为他的关键不在所达到的世界而在于达到这个世界的方法，这才是庄子的魅力所在。

韩非入秦遇害

韩非，韩国贵族，喜欢钻研刑名法术之学。韩非与李斯曾一同从学于荀子，李斯自认为比不上韩非。那时，秦国日益强盛，六国日渐衰微。韩非见韩削弱，屡次上书韩王，希望韩王变法图强。韩王不能用，韩非于是作《孤愤》、《五蠹》、《内外储》、《说林》、《说难》等文章，计十余万字。畅论治国当修明法制，去邪枉之臣，用贤明之士，才能富国强兵。

韩非的著作流传至秦，秦王政读后，十分感慨：我如果能够见到这个人并与他一起畅游，就死无怨言了。李斯告诉秦王，这是同学韩非之作，于是秦王急急发兵攻韩，求韩非。韩王遂派韩非出使秦国。秦王政十四年（前233年），韩非来到秦国，秦王政很高兴，但韩非口吃，善著书而不言谈，又劝秦王先伐赵而缓伐韩。秦王终未信用韩非。李斯、姚贾因嫉妒而乘机进谗言诋毁韩非，说韩非本是韩国公子，终究为韩不为秦。如果秦王不用而放他回韩国，将给秦国留下祸患，不如杀掉他。秦王便将韩非下狱论罪。李斯派人送毒药给韩非，要他自杀。韩非希望面见秦王却不可能，被迫服毒身亡。

韩非像。韩非创"法、术、势"并重的统治理论，对于秦汉封建专制主义中央集权制度的形成、发展具有重大影响。

韩非是先秦法家思想的集大成者，综合商鞅的"法"治，申不害的"术"治，慎到的"势"治，创立"法、术、势"三者合一的封建专制主义中央集权理论。韩非的法治学说，大体宗法商鞅，主张由国家制订宪政法令。大家都完全依法行事，立功者受赏，犯法者受罚，君王不可矫法徇情，如此国可大治。但韩非不满意商鞅只讲法，不用术。所谓"术"，指人君驾驭臣民的手段，韩非以为国君治国若不讲究策略就会出现弊端，容易受臣下欺骗、愚弄，因此韩非采纳申不害有关术的学说。主张人君根据才能而授人以官职，使官员名符其实。执掌生杀大权，监督深察群臣所为。韩非又汲取慎到的"乘势"说，强调权势的重要性，主张拉开君主与臣下之间上尊下卑的差距，加强和巩固君主的权力和威势，严防大权旁落。韩非这套"法、术、势"并重的统治理论，对于秦汉封建专制主义中央集权制度的形成、发展具有重大影响。因而韩非及其思想，在中国法制史、思想史和哲学史等方面，都具有一定的地位。

贾谊最早提出"法钱"概念

西汉初期著名的政治家和文学家贾谊,多次上书陈述政见,反对汉高祖和汉文帝实行的任民铸钱政策,主张由国家统一铸造铜钱,禁止私人钱币。

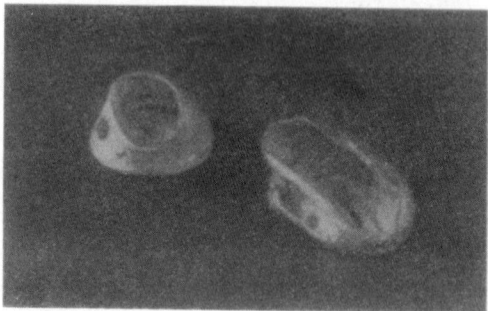

麟趾金和马蹄金。流通于西汉的麟趾金(右)和马蹄金,是一种用于收藏,馈赠或大笔支付的特殊货币。

他指出,由于商贾利用铜钱名义价值和铸造成本之间的差别铸币获利,导致币值与物价长期波动,流通界非常混乱,出现了劣币驱逐良币的现象。因此,国家应垄断币材铜和货币铸造权,推行禁铜政策,消除私铸的根源,减少犯罪活动,安定社会经济秩序,并驱使采铜铸币者重返农田,以进一步发展农业生产,贯彻重农抑商政策。他还针对货币流通20多年来陷于紊乱的局面,顺应了新兴封建地主经济体系在货币流通方面的客观要求,最早提出了"法钱"概念,以实现封建国家货币制度的统一和稳定。"法钱"是指符合国家规定的标准重量和成色的铜钱。中央政府应"立法钱",建立统一的本位货币,使流通界只有良币,奸币绝迹,人民在使用货币时互不相疑。这样就可以限制富商大贾对市场的操纵,平稳物价,增加中央政府的财政收入,增强抗击匈奴的军事力量,巩固封建国家的法制。贾谊提出"法钱"概念和"立法钱"的要求,并把货币问题和生产、交换、富国、强兵等问题联系起来,既符合了封建王朝的统治利益，又符合社会经济发展的客观趋势，为历代封建王朝特别是汉武帝统一铸造五铢钱作了重要的舆论准备，对中国古代社会经济和思想的发展具有深远的影响。

董仲舒提出三纲五常

西汉唯心主义哲学家和政治家董仲舒在他的著作《春秋繁露》中提出三纲五常，这一道德规范，反映了当时加强君权、巩固封建中央集权的客观需要，在历史上起过一定的进步作用。

"三纲"指"君为臣纲，父为子纲，夫为妻纲"三条封建道德原则，要求为臣、为子、为妻必须绝对服从于君、父、夫，也要求为君、为父、为夫的为臣、子、妻作出表率。"五常"指仁、义、礼、智、信五个封建道德教条。"仁"即爱人、孝悌、忠恕等。"义"指封建道德规范和标准。"礼"是各种封建礼仪、制度和规

董仲舒著《春秋繁露》书影

范。"智"为判别是非之心。"信"系忠诚守信。这些都是用以调整君臣、父子、兄弟、夫妻、朋友等人伦关系的行为准则。作为一种道德原则、规范的内容，三纲最早渊源于先秦时期。董仲舒对孔子的"君君、臣臣、父父、子子"和孟子的"父子有亲、君臣有义、夫妇有别"加以理论概括和改造，而成"王道之三纲"，提出"君臣、父子、夫妇之义皆取诸阴阳之道"是不可改变的，永恒存在的。五常则是由董仲舒在孔孟宣扬的仁、义、礼、智基础上，再加上"信"而成的，即"仁、谊（义）、礼、知（智）、信，五常之道"。东

汉儒家著作《白虎通义》对三纲五常也有阐述。从宋朱熹开始，将三纲五常联用。三纲五常是历代封建统治者套在劳动人民身上的精神枷锁，但作为一套完整的封建道德体系，它体现了封建社会的人伦关系和封建宗法等级制度。

司马迁开始撰《史记》

西汉太初元年（前104年），司马迁开始动手撰修《史记》。

司马迁（前145年—前86年，另一说前135年—前93年），字子长，夏阳（今陕西韩城南）人。其父司马谈是专管文史星历的太史令，熟悉历史，通晓先秦诸子学术。司马迁幼时随父到长安学习经史，并曾问学于经学大师孔安国、董仲舒等。20岁后旅行全国，足迹遍及长江、黄河流域，不久又以天子的近臣"郎中"奉使到过现今的四川、云南一带。还随汉武帝巡视各地，游览名山大川，查看风物，采访史迹。元封三年（前108年），司马迁继父职任太史令。从此得以饱览皇家的藏书与档案，准备继承其父未竟之业。太初元年（前104年），司马迁与唐都、落下闳等共订太初历。与此同时，开始撰修《史记》。

董仲舒病逝

太初元年（前104年），董仲舒病逝。

董仲舒（前179年—前104年），汉代广田（今河北枣强东）人，是思想家、政论家和著名学者。少时学《公羊春秋》，景帝时任博士。刘彻（武帝）

时期，先后任江都相和胶西相，后病免居家，以修学著书而终。其思想学说主要反映在《天人三策》和所著《春秋繁露》中，主要内容如下：

①天人感应说：董仲舒认为，自然界的天是有意志的，天按照自己的模样创造了人类，如天有金、木、水、火、土五行，人有心、肝、脾、肺、肾五脏；天有春、夏、秋、冬四时，人有四肢；天有阴阳、人有哀乐等。人的形体结构、思想意识，几乎无一不是天的雏型，所以，天人之间相互感应。天拥有至高无上的权威，在人间，它将权威授予君主，所以，君权是神授的。君主代天治理人民。

董仲舒像

②大一统说：他认为，《春秋》大一统的思想，是天地之常经，古今之通议。一切归于"一"。政治上与思想上也必须统一。政治上诸侯不得自专，思想上罢黜百家，独尊儒术，摒弃一切邪辟异说。

③三纲五常说："三纲"即"君为臣纲"、"父为子纲"、"夫为妻纲"。"五常"即仁、义、礼、智、信。他提出"王道之三纲，可求于天。天不变，道亦不变。"

董仲舒的思想学说，对汉武帝加强中央集权，实行封建专制起了重要的作用。对以后中国历史也产生了巨大影响。

儒家在中国的地位是在汉代形成的，其中董仲舒功劳最大，但奇怪的是他从形式上讲与儒家相去最远，也很少有后代儒家自称从他那里发展出来。

董仲舒把前人的抽象方式换为可理解的具体事物，他把天人性格化为有性格感情的宗教神，把天、地、阴阳、人与五行并列为十端，把五行落实为君臣、父子关系，把变易的哲学变质为感应，发展了灾变论，为了解释五行循环任意编造历史，他不懂孟子的性是心之发，而分性为三品，他把孔子的礼具体化为三纲（五常），使得孔子乐教精神完全丧失，儒家成为封建伦理体系的辩护士。

总的说来，他是由阴阳五行说（神秘化了的）来规范儒家的内容。他一方面将五行神秘化，一方面将儒家思想具体化，二者结合就实质改变了儒家的性质。但他也有明显的法家化倾向，三者结合构成了一个坏的儒家古典主义标准。

他这一套在汉代有很大影响，例如刘向就基本上与他一致。

他的思想是灾变、谶纬的先驱，在汉代中叶的这两种思想中，阴阳五行、周易、宇宙论与天文、数术、数学和历史结合，成了一个庞大的体系，是汉代宇宙论方面的综合方向。它与今古文经学的再综合就表现为《白虎通》。

司马迁著成《史记》

西汉武帝太初元年（前104年），司马迁参与制定的《太初历》颁行，他认为这是历史的一个新纪元，开始撰写《史记》，经10余年的艰苦努力，我国第一部纪传体通史《史记》最终成书。成为中国史学的奠基著作。

《史记》是我国纪传体通史的开山之作，原称《太史公书》，东汉以后才称今名，也称《太史公记》，《太史记》。共130篇，包括12本纪，10表，8书，30世家，70列传，共526，500字，记载自黄帝至汉武帝时期共约3000年的史事。

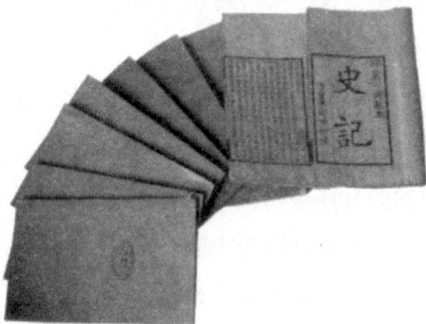

司马迁（前145年—前86年，另一说前135年—前93年），字子长，西汉左冯翊夏阳（今陕西韩城南）人。少年时随父司马谈读书，并受教于董仲舒、孔安国。后为郎中、

《史记》。中国第一部纪传体史书，司马迁著。原名《太史公书》，东汉以来称《史记》。全书130篇，分为纪、表、书、世家、列传五部分，记述了从上古传说到西汉三千年的历史。

太史令、中书令等。其父司马谈于汉武帝建元、元封年间为太史令，掌管文史星历，管理皇家图书，曾有志编写古今通史，但未能如愿，辞世前嘱咐司马迁承其遗志。元封三年（前108年），司马迁继任父职为太史令，得以阅读皇家所藏典籍，搜集史料。太初元年（前104年），在参加制定"太初历"后，

2000多年前，我国出现了一部对后世史学、文学都具有深远影响的伟大著作——《史记》，它的作者就是西汉著名的史学家、文学家和思想家司马迁。图为司马迁祠。

开始撰写《史记》。天汉三年（前98年）因李陵案牵连入狱，受腐刑。太始元年（前96年）获释，任中书令。受刑之后，忍辱发愤，艰苦撰述。根据《尚书》、《春秋》、《左传》、《国语》、《世本》、《战国策》等史书，诸子百家的著作，官府所藏的典籍档案，以及亲身考察访问得来的资料，经十余年努力，终于写成"究天人之际，通古今之变，成一家之言"的《史记》。

　　《史记》记事始于传说中的黄帝，终于汉武帝，历时三千余年。所记史事包括政治、军事、经济、文化、民族诸方面的事迹，而尤详于战国、秦、汉。"本纪"12篇是全书纲领，记载历代帝王世系与国家大事。其中先秦诸篇按朝代成篇，秦汉诸纪则按帝王成篇。"表"十篇记载帝王、诸侯、贵族、将相大臣的世系、爵位与政治事迹。其中又分世表、年表、月表。"书"八篇叙述各种制度沿革，内容涉及天文、历法、礼、乐、封禅、水利、经济等。"世家"30篇主要记述西周、春秋、战国时期诸侯国的世系及历史，汉朝丞相、功臣、宗室、外戚的事迹，还记述了在历史上有特殊文化地位的孔子和有特殊政治地位的陈涉的事迹。"列传"70篇在全书中所占篇幅最多，主要记述社会各阶层代表人物的事迹。此外，少数篇章还记述了中国各少数民族以及与中国互相往来的一些国家和地区的历史。

最后一篇《太史公自序》，叙述作者的家世和事迹，并说明撰著本书的经过、意旨及作者的史学见解。

司马迁撰写的《史记》，贯穿了其比较明确的历史思想，比较客观地把握了天人关系和古今通变关系，"究天人之际，通古今之变，成一家之言"正是这一历史哲学思想的精辟概括，在天人关系上强调天道和人事不相关连，与董仲舒宣扬的天人感应针锋相对。在此基础上，他深刻揭露和批判了当时盛行的封禅祭祀，祈求神仙活动的虚妄。同时刻意写出一些在历史发展中起到重要作用的人物和事件，这是中国史学史上，第一次把人的活动提高到如此重要的高度。对于历史演进过程，他的思想也比较完整，在正确评估历史之后，司马迁充分肯定了历史是不断发展进化的这一结论，甚至认为在极盛之时就已呈现出衰落的迹象，并从教化，礼义与物质财富关系的角度，提出"物盛而衰，固其变也"的命题。包含了他朴素的发展观和辩证观。标志着我国古代历史理论发展的新阶段。

在中国史学发展史上，《史记》是第一部规模浩大、体制完备的中国通史，由它所创的纪传体例，为历代著史者遵循取法，竞相仿效。后世史家以《史记》"善序事理，辨而不华，质而不俚，其文直，其事核，不虚美，不隐恶，故谓之实录。"而奉之为封建时代历史著作的典范。《史记》的大部分文字优美精炼，对部分历史人物的叙述，语言生动，形象鲜明，在中国文学史上也占有重要地位。

《史记》是战国历史的绝对化，一方面，他的史传形式（中国史传历史书的起源）将情节性历史作块状处理（比较一下古典主义音乐对旋律的同样处理）、并在结构、叙事和语言上达成古典主义的标准。另一方面，他对于人物性格处理达到了高峰，性格过程（而不是历史）是《史记》的中心。实际上，在司马迁这里，历史绝对不是希腊式历史（事件为中心），而是性格历史。把希腊雕塑和建筑的古典主义文学化，其结构和内容就是《史记》。

《盐铁论》编成

汉宣帝初年，桓宽把昭帝始元六年（前81年）盐铁会议所留下的会议记录，整理编排写成《盐铁论》。

桓宽，字次君，汝南人，也就是今河南上蔡西南人，研究过《公羊春秋》，博古通今，而且擅长文字功夫。宣帝时曾任官职为庐江太守丞。

在昭帝始元六年（前81年）召开盐铁会议时，与会大臣因意见不同而分为两派，以贤良文学唐生、万生为一方，以御史大夫桑弘羊为另一方，双方围绕是否应该实行盐、铁、酒官卖政策问题而展开激烈辩论。贤良文学认为，

西汉铁官作坊产品标志

用严厉的政策不如用德政感化，争夺盐铁官卖的利处不如劝导人民专心农业生产，桑弘羊则持相反意见。这次会议留下了会议记录，到了汉宣帝初年的时候，桓宽就根据所留下的会议记录，进行整理、编集，成书《盐铁论》。此书一共分成六十篇，每篇都有标题，其中前五十九篇是用来客观介

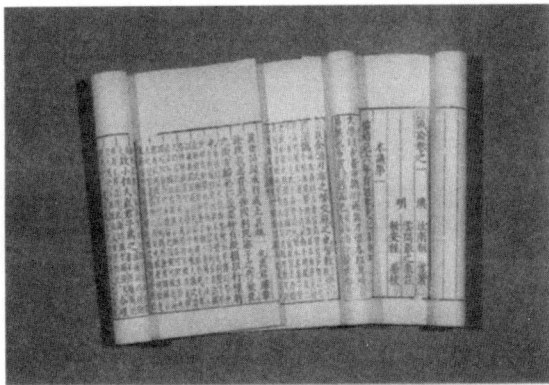

《盐铁论》。反映当时社会状况、经济思想等的珍贵资料。

绍辩论双方的意见，最后一篇《杂论》就用来说明桓宽自己编书的起缘和对这场辩论的看法。

全书前后联成一气，采用对话的形式，以生动的语言真实反映了当时会上对立双方的辩论情形，全面系统地阐述了儒家的经济思想，忠实完整地保留了桑弘羊的思想和言论，成为研究中国古代经济思想史尤其是西汉经济思想史的一部重要著作。

经济思想家贡禹去世

初元五年（前44年）十二月，经济思想家贡禹去世。贡禹，生于前124年，字少翁，琅琊（今山东诸城）人。以明经德行征为博士，历任凉州刺史、河南令。元帝时，征为谏大夫，初元五年为御史大夫。

贡禹曾多次上疏元帝，为解决"年岁不登、郡国多困"的局面，奏请减损乘舆服御器物。还数言得失，要求元帝选贤能，诛奸臣，罢倡乐，修节俭，注意减轻赋役。许多建议得到元帝接纳。贡禹在土地、赋税、货币等问题上均提出自己的见解，主张抑制兼并，崇本抑末；减轻赋税；废弃货币，代以谷帛。他是第一位主张废除货币，使民众专心务农的人。

律学家京房大狱死

京房（前77年—前37年），字君明，本姓李，东郡顿丘（今河南清丰西南）人，汉代今文易学"京氏学"的开创者，律学家。他曾师从孟喜弟子焦延寿学《易》，著有《京氏易传》，元帝时被立为博士。他多次上书谈论灾异，以灾异推论时政得失。建昭二年（前37年）六月，元帝数次召见京房，京房上奏建议采用考功课吏法，为当时专权的中书令石显、尚书令五鹿充宗所嫉恨。他们建议元帝任命京房为魏郡（今河南安阳北）太守，试用考功课吏法治郡。仅一个多月，石显等便以"诽谤政治，归恶天子"的罪名诬告京房，京房死于大狱。

京房在乐律方面有突出贡献，他的律学成果受到其易学思想的影响。京房为解决先秦的"三分损益法"不能实现"黄钟还原"的难题，根据八卦原理，继续推衍三分损益法，将12律扩展成60律。虽未达到黄钟还原的目的，但60律在律学理论探讨上有积极意义。京房在律学上最重要的贡献是提出"竹声不可以度调"的论点，即不可用竹制律管来定音，而主张以弦律定音，并计算出十三弦"律准"的数据。根据现代律学可知，管律振动时产生的气柱长度较管的长度为长，即声音较同样长度的弦律为低。所以竹制律管无法像弦律那样通过三分损益计算确定长度，用来定音。这就是"竹声不可以度调"的含义。京房在2000余年前的西汉，提示了如此精微的律学感知，给后世以很大启迪。

王充著《论衡》

东汉永平二年（59年），王充开始作《论衡》，30年后完成。《论衡》存目85篇，实存84篇，佚失《招致》1篇，是对汉代及汉代以前一切学说、思潮加以衡量，评论是非，铨定轻重，批判虚妄之说的唯物主义无神论的重要著作。

王充（27年—约97年），字仲任，会稽上虞（今浙江上虞）人。少年时游洛阳太学，师从

王充像

著名学者班彪，博闻强记，通百家之言。官至县功曹、郡王官功曹、州从事转治中等。因为政治主张与上司不合而受罢黜。罢官还家，专心著述。晚年，汉章帝下诏公车征召，王充不就。和帝永元中，病逝于家中。

王充在《论衡》中，汲取了道家黄老后学的天道"自然无为"思想，在继承前人"元气"说的基础上，提出了元气自然论。他认为天与地都是客观存在的物质实体，而"元气"是构成天地实体和自然界万物的最初物质元素。"元气"之产生天地万物，都是"自然"、"自生"的，并没神的主宰。他驳斥了"天人感应"说，认为"人不能以行感天，天亦不随行而应人"。

王充在论及神形问题时，汲取了当时医学科学的成就，坚持唯物主义

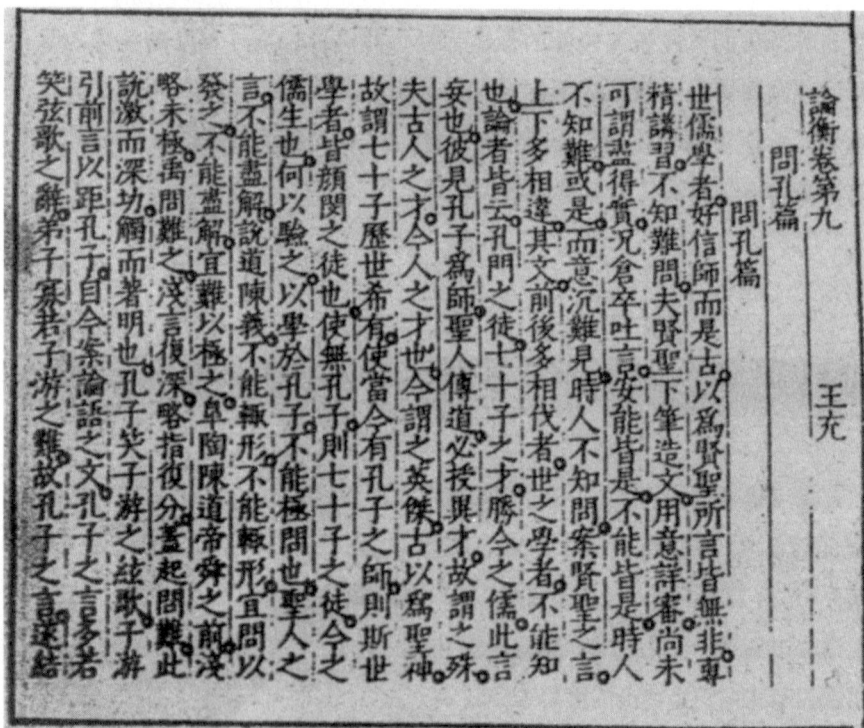

《论衡》。王充，字仲任，会稽上虞（今属浙江）人，不乐仕进，潜心研习，穷三十年精力完成巨著《论衡》八十五篇，深入地批判了当时流行的谶纬神学。图为《论衡》书影。

的观点，认为人的"精气"（精神）是人的形体中产生血脉的部分，形体死亡，血脉即枯竭，精气也随之消灭。"人之所以生，精气也……能为精气者，血脉也"，而"精神本以血气为主，血气常附形体"，所以"人之所以聪明智慧者，以含五常之气也"，这"五常之气"则存在于人的五脏形体中。王充提出"精神依附形体"的命题，否定了经学神学鼓吹的"灵魂不灭"的观点，确立了形神一元论。在此基础上，王充批驳了神不灭和有鬼论，提出了无神论。他认为人死，形体便腐朽，根本不可能成鬼，所谓鬼神迷信，只是"人思念存想之所致也"，是人们在疾病时十分畏惧而造成的主观幻觉。因此王充反对鬼神、巫术、占卜等迷信活动，反对祭祀，提倡薄葬。

王充在《论衡》中，还总结了注重"效验"的唯物主义认识论。他批驳了所谓圣人"神而先知"、"生而知之"观点，认为人的知识是通过人的感官与外界接触后才获得的，提出不学不知、学而后知的观点。王充把感觉经验作为认识的首要途径，同时又强调人的认识不能停留在耳闻目见阶段，还需"开心意"进行理性思维，他说单凭感觉经验，易受"虚象"迷惑，只有"开心意"思考，才能辨明是非、虚实。进而王充提出了"效验"的范畴，作为检验认识可靠性的标准。他认为认识事物的目的在于致用，认识正确与否，要看他与事实是否相符，而不是凭"空言虚语"。以"效验"为武器，王充还指出了孔孟著作中不少自相矛盾之处，反对把儒家经典当作教条而盲目信奉。

王充在历史观上却是矛盾的。他一方面承继了荀子和韩非等人的历史进化观，认为历史是前进的，"周不如汉"、"汉固在百代之上"，社会是进步的；另一方面他又说"古今不异"、"百代同道"，认为万物都是"气"的不同形态，因"气"是"古今不异"、"万世若一"的，所以社会又是不变的。观点显然自相矛盾。同时，王充还把国家的安危和个人的贵贱寿夭归结为自然命运的支配，混淆了社会规律与自然规律的区别，进而陷入了自然宿命论的谬误。

王充的《论衡》在反对"天人感应"的神学目的论中，继承了我国古代唯物主义的传统，把我国古代唯物主义的发展推到了一个新的高度。他的元气自然论，给当时占主导地位的经学神学以沉重打击，在当时的意识形态斗争中有极大的现实意义。

因为王充反谶纬神学的思想一直受封建儒家正统思想排斥，被视为"异端"，《论衡》也长期被视作"异书"而被埋没，直到东汉末年才逐渐流传开来。

崔寔著《政论》

崔寔所著《政论》大致产生于汉桓帝和灵帝（即147年—189年）间。崔寔，字子真，生年不详，约卒于汉灵帝建宁年间（约170年）。涿郡安平（今河北涿州市）人。祖父崔骃、父亲崔瑗都以文章出名。崔寔家世寒素，但他喜好典籍，有经史百家的传统修养。曾做过五原太守、辽东太守。所著《政论》，现在全书已佚失，仅有片断保存在《全后汉文》和《群书治要》中。

崔寔深切感到当时社会风俗已败坏，社会危机十分深重。他首先在书中揭露当时存在的"三患"：上下竞为奢侈浮华、弃农经商和厚葬，其结果是造成百姓"饥馁流死"，被迫"起为盗贼"。这三患造成社会危机深重。面对这种情景，他认为社会到了非改革不可的地步。再加上贪官酷吏对百姓随意捕杀、任意欺榨，"嗷嗷之怨，咎归于天"，"仇满天下，可不惧哉！"

因此，在《政论》中崔寔针对汉末乱世情况，认为当时已无力推行王政，主张用严刑竣法惩治贪官酷吏和百姓中的"奸轨"不法之徒，这样才能使社会安定下来。崔寔一改以德教仁政为主的儒家观点，主张实行霸政、法治。在《政论》中，针对社会风习侈靡，他主张限制工商业畸形发展，强调要效法子产相郑，严格等级制度，限制官僚贵族以至庶人、富商、豪族地主的骄奢逾制，使国家得到治理。同时，他主张恢复井田，实行井田制，这样可以抑止兼并，防止贫富不均。还希望朝廷效法景帝、武帝那样组织移民，把徐、兖、冀三州人稠土狭之民，迁徙到凉州宽阔之地上进行开垦，以赡贫困。

崔寔在《政论》中，对汉末社会黑暗腐败进行了揭露和批判，对社会改革提出自己的建议，这一切都具有一定的进步意义。崔寔极力主张推行严刑峻法的霸政思想，一方面暴露东汉王朝面临的严重的社会危机，不依靠暴力镇压和法律惩办已难维持；另一面也反映出神学经学的衰落，名法思想有所抬头，学术思想的发展趋向开始发生变化。有一定进步思想的崔寔敏感地发现了这一切，提出一定的行之有效的措施。

《政论》书影

郑玄集今古文经学大成

今文经、古文经与谶纬合流，为东汉经学的显著特点。东汉末年，郑玄囊括大典，综合百家，遍注群经，打破今古文界限，完成经学的融合与统一。

郑玄（127年—200年），字康成，北海高密（今山东高密）人。精通天文历算，因博古通今、古文经学而闻名。曾师从东汉著名经学家马融

郑玄像

学习古文经，后来游学十多年，还乡时，跟随他的学徒已达数百人，因党锢之祸而遭囚禁后，隐居潜修经学，闭门不出。

郑玄所注经书很多，包括《周易》、《毛诗》、《仪礼》、《周礼》、《礼记》、《论语》、《孝经》，及《尚书大传》、《周易乾凿度》、《乾象历》等，完整保存到现在的有《三礼注》和《毛诗笺》，其它多亡佚。

郑玄注经，都博采今古经文，融会贯通，扫除了繁琐的气氛和阴阳五行的迷雾，从总体上把握经书的源流，辨析学术，考溯源流，花费了大量精力整理篇帙，条贯篇目，确定编排。为此，他搜求各家学说，仔细考订异同，进行归纳和判断，做了许多细致的工作。注释词义时，他广泛网罗异本，考订疑说，择善而从，补脱订讹，求同存异。他的经注尤其详尽于典章制度，名物训诂，统一了古今文经学的诸多争端。同时，开创了传注的许多体例，以"读为"、"读曰"、"读如"、"读若"、"读当如"、"读当为"等提示词语中

特定的音义关系，使注释形式与内容紧密结合。这些体例的开创，成为后世图书校雠、注释的典范。郑玄所注经书，代表了汉代学术的最高成就，被称为"郑学"，对后世经学产生了极其深远的影响。

除传注外，郑玄还著有《天文七政论》、《鲁礼禘祫义》、《六艺论》、《毛诗谱》、《驳许慎五经异义》、《答临孝存周礼难》等。对天文历算，他也深有研究，提出一年四季与地在太空中的四游升降有关的观点，其元气之所本始寂然无物亦忽然而自生的观点，直接影响了魏晋玄学。

郑玄的成就还表现在统一了今古文之争，对后世经学的发展有重要意义。"郑学"注解经学，采取客观态度，兼取各家之长，不偏执己见，注意事实，以理服人。这种治学精神和方法对后学影响很大。

仲长统著《昌言》

东汉建安十一年（206年）三月，仲长统著《昌言》，论说古今时俗政事，叙述己见，颇有新意。

仲长统（179年—220年），字公理，山阳高平（今山东邹县西南）人。从小好学，博览群书，文辞漂亮，性格狂放，不拘小节。他的《昌言》集中了他的观点，一共三十四篇，十几万字。可惜大多散失，一部分片断保留在《后汉书》本传和《全后汉文》中。

仲长统继承和发展了王充等人的唯物主义思想，不仅注重批判现实，同时对神学经学也进行了批判。他提出"人事为本，天道为末"的天人关系论。他否定有神论的世界观，强调只要"人事"处理得好，作到无私和举贤，能够勤于政事，就会"政平民安"，如果放弃"人事"而膜拜神灵，即使礼仪十分隆重，态度十分虔诚，也无法挽救败亡的命运。同时，仲长统强调发挥人的主观能动作用，包括认识和利用自然规律去指导农业生产和各项事业，以

乌桓是塞外的一支游牧民族。汉末，辽西部蹋顿成为三郡乌桓的军事首领，袁绍对他极力拉拢，并与他和亲。曹操为巩固北方的统治和消灭袁氏残余势力，决定远征乌桓。曹军大获全胜。图为汉乌桓校尉墓壁画，壁画中有不少乌桓、鲜卑人物形象。

达到预期的效果。仲长统公开否认"天命"，指出统治者宣扬"天命"，不过是"伪假天威"，以之为欺骗人民的工具而已，他对当时流行的各种灾异迷信之说都作了有力的批驳。

仲长统在强调"用天之道"以尽"人事"之时，就已包含了以客观规律作为人们认识、行动根据的重要思想，反映了他唯物主义认识论。在名实观上，他坚持"名"、"实"相副的观点，强调"是"与"非"都应有客观的标准，反对以主观认识和个人情绪代替客观事实，强调人们的认识和行动要与客观实际相符，不可凭主观行事。

仲长统主张通过人们自己对事物直接接触和观察去认识事物，识别一个人的认识深浅和办事能力高低必须通过对其实际能力的考察才能知晓，主张用实际效果检验认识。

仲长统反对和否认谶纬迷信和经学神学唯心主义所宣扬的"三统"、"三正"和"五德终始"说等神意决定论和天命循环论，认为社会历史发展不是"天命"，而是尽"人事"的结果。他把社会历史发展进程概括为从"乱世"到"治世"，再到"乱世"的过程，用社会自身现象来加以说明社会历史的

"治"与"乱"的变化。

面对社会黑暗和腐败，仲长统也提出了要求改革的进步思想，主张以现实的实际利益为基础，以实际效果决定是否改制，并积极提倡改制。

到后期，仲长统却陷入老庄消极避世思想中，追求出世入仙境界，与他的前期的观念自相矛盾，但他基本倾向仍是唯物主义的，瑕不掩瑜。

仲长统，作为秦汉时期最后一位著名的进步思想家，对天人关系、客观与主观关系、社会历史发展都提出自己唯物主义的认识观点，并在理性和神学迷信之间划了一条鸿沟，宣告了经学神学思想统治的崩溃和两汉经学的终结。他提出"人事为本，天道为末"的思想，无论从理论上还是从对社会现实的批判上，都具有重大意义。但是由于时代和个人原因，仲长统社会历史观上存在消极成分，尤其到了后期，他"思老氏之玄虚"，消极避世，无疑影响了他的成就。在这方面，他指出老庄的"玄虚"；将"本"与"末"范畴引入哲学领域，则又成为魏晋玄学的理论先驱。

仲长统的理论曾在特定历史时期，适应了曹操削平群雄，打击豪强，统一中原和惩治朋党积习、改革吏治的政治需要，具有一定积极进步的作用。这说明仲长统的理论思想已不只是停留在批判上，停留在书本上，而是产生了一定的社会效用，发挥了自己的历史作用。后人对仲长统的评价也是很高的，把他作为秦汉时期最后一位著名的进步思想家。

刘熙著《释名》

《释名》作者为刘熙，一生没有出仕，因而史书没有给他立传，其生平事迹也无法考索，仅知他是东汉末北海郡（今山东潍坊，高密一带）人，过着隐居生活，三国时曾以学者身份活动在交州一带，吴蜀的许多名士曾与他交游。《释名》一书在吴末孙皓凤凰二年（273年）已广为流布，为当时学者所

刘熙《释名》书影

重视，因而此书当成于汉末。

《释名》全书27篇分为8卷，编排体例模仿《尔雅》，除普通词外，都按物质所属类别编排，它旨在探求人类生活中各种创造物的名称来源，分类十分细密，有《释采帛》、《释首饰》、《释床帐》、《释书契》、《释用器》、《释兵》、《释车》、《释船》8篇，包括天、地、山、丘、道、州国、形体、姿容、长幼、亲属、言语、饮食、采帛、首饰、衣服、宫室、床帐、书契、典艺、用器、乐器、兵、车、船、疾病、丧制等。

考索词源是传统训诂学的重要内容和研究课题，它起源很早，先秦文献中已经有了探求词的音义来源的声训，但这种方法的使用不自觉，也不普遍。汉代，由于阐释经学的需要，利用声训阐发理论观点成为一种时尚，但出发点是阐发政治主张，因而主观随意性很强，且有鲜明的政治色彩。所训的对象多为政治词汇，还不属于科学的词源探求的范畴。刘熙的《释名》开始摆脱了带有强烈政治色彩和主观随意性的学术氛围，从语言声音的角度来推求字义的由来，并探讨客观词源，推求事物得名的由来。这决定了它的训释方式是先用同音或近音字作训，然后说明其意义关系，即被训词得名的由来。例如《释山》："山夹水曰涧，涧，间也。言在两山之间也。"这里先用同音词"间"作"涧"的声训，进而说明"涧"是因其在"两山之间"而得名，书中所推求的物名来源，有相当一部分非常精辟独到，显示出刘熙在词语溯源方面的敏锐眼光。这种忠实语言事实的态度，是值得肯定的。

刘熙的有些声训并没有经过系统的探索而缺乏科学性，主观臆断在所难免，但它在词源学方面的开创之功却是不容抹杀的，而且在语言学史具有很高的价值，首先借助大量的材料和多方面的阐释，证实了汉语词汇命名的规律：物名一般是由先于此的其他物名派生的，物名与其源词有语音方面的联系，物名命名乃是以其某一方面的特征为依据的。其次，它展示了汉代民间生活的风俗和多方面的情况，在物名探求中包含了十分重要的文化内容，这种语言和文化的互相映证，具有后代文化语言学的某些因素，使之成为一部极有价值的考证汉末语言的著作。

刘劭代表才性学

东汉末年，因社会变乱，儒家独尊的地位受到冲击削弱，出现了儒、道、名、法竞起与合流的趋势。评论人物的标准随之发生了变化。东汉历来采取地方察举和朝廷征辟来选取官吏，很重视人物的品评鉴别，主要以德性论人。曹操选人则恃重才能，主张"唯才是举"，这种变化促使思想界由对具体人物的品评，进入对人才标准问题的讨论。于是在汉魏之际形成了一门讨论人物的标准和原则的学说，即才性之学。其代表人物有刘劭、钟会、傅嘏、王广、李丰等。据史书记载，关于才性学的著作有多种，现仅存刘劭的《人物志》。刘劭，字孔才，广平邯郸（今河北邯郸）人。约生于汉灵帝建宁（168年—172年）年间，卒于魏正始（240年—249年）年间。官至散骑常侍。正始中执经讲学，赐爵关内侯。

所谓"才"一般是指人的才能，"性"大体指决定人的才能的内在品质。刘劭的《人物志》大体上反映了汉魏之际学术思想的变迁，它讨论品评人物的标准与原则。刘劭十分重视人的才能。他根据才性高下，把人物分成五等，即圣人、德行、偏材、依似、间杂。又把人物分为十二流品（类型），并提出人的才能出于性情的观点。他认为：品评人物不仅要观其外貌，更应认识其内在精神；人禀气而生，才性各异，应根据其才性有不同的任用；考察人物不应只看他的主张，而应看他的行为，名实必须相符；人们的言谈虽是考察人物的一个重要方面，但言谈有"理胜"与"辞胜"之别，须看其言谈是否与义理相合。认为"圣人"是儒家的最高人格。

《人物志》接触到两个重要问题：一是才性问题，即识别人物的原则和标准；二是"有名"与"无名"问题，开以老庄思想解释儒家"圣人观"的先河。它是从汉代经学过渡到以王弼、何晏为代表的玄学思潮的重要环节。刘劭认为"圣人"以中庸为其德，说："夫中庸之德，其质无名，咸而不碱，淡而不醇，质而不缦，文而不绩，能威能怀，能辩能讷，变化无方，以达方节。"刘劭用道家的"无名"解释儒家的"中庸"，表现出儒、道合流的倾向。

宋摹本东晋顾恺之《洛神赋图卷》（局部）。此卷主要人物在不同场景中反复出现而形象富于变化。作为人物背景的山石树木，同时起到了分隔并联系统一长卷中不同段落的作用，保持了构图的完整。画中的洛神衣带飘逸，动态委婉从容，目光凝注，表现了关切、迟疑的神情。

虞翻治《易》

虞翻（164年—233年），字仲翔，会稽余姚（今属浙江）人。最初在太守王朗手下担任功曹，后来跟随孙策，任富春（今浙江富阳）长。孙权继位后，他先为骑都尉，因数次犯颜直谏，加之他的性格不合流俗，因而多次遭人诽谤，后被贬谪到丹阳泾县（今安徽泾县）。被吕蒙请出后，又多次触怒孙权，最终被流放交州，并死在这里。

虞翻是三国时期的著名学者，家里传有西汉今文孟喜《易》学，为当时治《易》的名家，宣称"经之大者，莫过于《易》"，批评东汉郑玄所注五经明显违背原义的有160多处。虞翻不信神仙，且懂医术。他治《易》时，善于将八卦与天干、五行、方位相配合，以推论象数，占卜吉凶。他撰写的《易注》流传至今，是今人治《易》的重要历史资料。

魏青龙三年（235年）范式碑。《范式碑》为三国时著名碑刻。书法遒劲浑厚，撇笔丰肥圆钝，捺笔短重粗壮，较汉隶有所变化，为许多书法家激赏。

玄学领袖何晏、王弼与世长辞

魏正始十年（249 年）正月，魏尚书、玄学家何晏因亲附大将军曹爽，在高平陵事变中被杀，年 60 岁。王弼也在本年病死。

何晏（190 年—249 年），字平叔，南阳宛（今河南南阳）人，是汉外戚大将军何进之孙。年幼时其母尹氏改嫁曹操，何晏便被曹操收养。他少有才名，又人物秀美，娶曹操之女金乡公主，很得曹操喜爱。何晏因此恃宠骄奢，他面白净，又好修饰，行步顾影，沉溺于情色，爱服五石散，当时人称"傅粉何郎"。曹芳继位后，曹爽委任他为散骑侍郎，提升他为侍中尚书。

何晏与王弼一起，开创了风靡一时的正始玄学，导引了清谈世风的兴起。何晏好老庄，"援老入儒"，认为天地万物，皆以"无"为本，而"无"即是老庄的"道"，它化生了万物。主张君主无为而治，不反对名教，但又认为名教应本于自然；在才与德的关系上，持才性离、异的观点。何晏著有《论语集解》、《道德论》、《无名论》、《无为论》。现存的《论语集解》20 卷为流传至今最早的《论语》注解。在《道德论》中，提出玄学"贵无派"的一些主要观点，如"有"生于"无"，"有名"源于"无名"等。何晏同时又是诗赋高手，有《拟古》及《景福殿赋》流传于世。

王弼字辅嗣，魏国山阳（今河南焦作市）人，著名文学家王粲族孙，卒年仅 24 岁。著有《周易注》、《周易略例》、《老子注》、《老子指略》，对玄学思想的发展影响至为深远。

王弼像

他认为"无"是宇宙万物的本体,"有"不过是末,但去"有"也不能体现"无";自然("无")是本,名教(有)是末,但名教即是自然的体现。他把易道解释为宇宙万物有规律的运行,即宗于无为、本于自然的发展,其注《易》偏重哲理,尽扫汉代象数。

何晏、王弼祖尚老庄,好玄言之谈,一时群起效法,蔚为时尚。

王肃治经

著名经学家王肃(195年—256年),字子雍,东海郯县(今山东郯城西南)人,生于会稽,是魏司空王朗的长子,司马昭的岳父,官至中领军,兼散骑常侍。王肃精通经书,尤其喜欢贾逵、马融所传的古文经学,承家学渊源又通习今文。两汉经学至郑玄综合今古文而集大成,郑玄之学流行于北方,但王肃独不喜欢郑学,并创立"王学",与"郑学"相对。为了与郑学抗衡,他撰《圣证论》,专门攻击郑氏,并伪造《孔子家语》、《孔丛子》等书,以佐证其说。他一如郑玄不分辩古文今文,参考依据诸家说法遍注群经,驳郑玄之学也不专一法,有时用今文说反驳郑古文,有时又用古文说驳郑今文。此后两派激烈争斗,互不相容,取代了汉代的今古文经学之争。王肃曾注《尚书》、《诗经》、《论语》、《三礼》、《左传》及其父王朗所著的《易传》,这些书都在晋代立于学官。晋初郊庙礼仪,也采用王肃之说而不用郑义。王肃注经不分今文古文,综合了各家经义。现在这些书都已佚失,只存清代辑本。王肃还有散文一卷,其散文以《清省徭平刑疏》较著名。他善写奏章,但今已佚。

王肃像

嵇康从容就死

魏景元三年（262年）十月，魏司马昭杀害名士嵇康。

嵇康（223年—262年）是三国时曹魏文学家。嵇康出身贫寒，但励志勤学，文学、玄学、音乐等无不博通。身处痛苦黑暗、礼崩乐坏的三国魏晋时代，喜好老庄"非汤、武而薄周、孔"的嵇康放浪形骸、蔑视儒家礼教，

魏晋砖画进食图。新城魏晋墓砖画中有很多画面描绘奴婢们从事屠宰、炊庖、进食、辅运等杂役。《进食图》描写墓主人宴饮时，一女仆匆匆进食的情景。宴饮的场面虽然没有出现，但从女仆拘谨的神情，快速的步履，令人联想到画外的觥筹之声，和主仆之间不平等的关系。

与"口不臧否人物"的阮籍等七位魏晋名士，当时号称为"竹林七贤"。嵇康性格激越无碍，刚肠疾恶，轻肆直言。他娶曹操曾孙女长安亭主为妻，属皇室宗亲，所以其政治态度倾向于曹魏集团。司马昭曾想拉拢嵇康，遭其拒绝，从而忌恨他。当时司马昭的心腹钟会也想结交嵇康，受到冷遇，所以两人结仇。后来，嵇康的好友吕安被其兄诬以不孝，他出面为其辩护，钟会即劝司马昭乘机罗织罪名除掉吕、嵇二人。当时朝野上下为此震惊，三千太学生请求赦免嵇

康，愿以康为师，均遭拒绝。临刑东市，嵇康神色自若，索琴弹奏一曲《广陵散》，大叹一声：“《广陵散》于今绝矣！”从容赴死。

嵇康以诗文名世，尤以散文为高；对于玄学，他洞幽察微颇富见地；对于音乐，他写下了《声无哀乐论》等中国美学史上的名篇。

谯周攻史

谯周（约 201 年—270 年），字允南，巴西西充（今四川西充）人，史学家，精通经学，善书写札。

蜀建兴（223 年—237 年）中，诸葛亮领益州牧，谯周被任命为劝学从事，蒋琬为益州刺史时，谯周为典学从事，总管一州之学者，后来他又被任命为太子家令，中散大夫、光禄大夫。蜀延熙二十年（257 年）十二月，谯周因姜维屡兴攻伐，于是写《仇国论》以讥讽。蜀炎兴元年（263 年）谯周劝后主刘禅降魏，之后官至阳城亭侯、骑都尉、散骑常侍。晋泰始六年（270 年）冬，谯周去世，年约 70 岁。

谯周一生精研六经，耽古笃学，是蜀中儒学大师。著有《古史考》25卷，依据古时典籍以纠正《史记》记载先秦史事中出现的失误，今天已佚失，仅存清代辑本两种各一卷。另外著有《蜀本纪》、《论语注》10 卷，《五经然否论》5 卷，《法训》8 卷，《五教志》5 卷，都已佚失。现在只有《仇国论》、《谏后主疏》、《谏后主南行疏》等文。谯周主要精力用在史学上，为史学发展作出了贡献。

儒将杜预去世

西晋太康五年（284年）闰十二月，杜预去世。

杜预（222年—284年），字元凯，京兆杜陵（今陕西西安东南）人。祖父是三国魏尚书仆射杜畿，父亲为魏刺史杜恕。杜预出身于豪门世家，后来又娶司马昭的妹妹高陆公主为妻，官拜尚书郎。杜预对军事、政治、天文、地理等，都有极高的造诣，是西晋时期著名的将领和学者。曾修改历法，注解《晋律》。

杜预任度支尚书其间，提出50多条措施均为采纳而成绩卓著。咸宁四年（278年）七月，司、冀、兖、豫、荆、扬等6郡大水，又发生虫害，灾情严重。度支尚书杜预上疏，提出救灾方略：（1）决陂放水，（2）赊牛春耕。由于他提出的策略，既着眼于当时的饥荒，更有利于来年的恢复生产，积极可行，被晋武帝所采纳。黄河的孟津渡口，多少年来，一直是波涛汹涌，水流湍急，黄河两岸的船只常在这里发生船翻人亡的悲剧，阻碍了两岸经济的发展。历代的统治者都想在此建桥，而因种种原因失败。杜预经过精心计算，用古代联舟为浮桥的办法，终于建成了孟津桥。杜预还用齿轮相互推动的原理，建造连磨，可以用1头牛牵拉9磨；又在水车转动中同时使用几个舂米的机具，人们把它叫做"机碓"。杜预的这些发现，大大地促进了生产的发展。当时的人们，也因为他的博学多能，如同武库中无所不有，而送他以"杜武库"的美称。

"杜武库"是一名儒将。晋咸宁四年（278年）继羊祜任镇南大将军，都督荆州诸军事。咸宁六年（280年），率兵攻打吴国，下江陵，克吴荆州。进封当阳县侯。出镇襄阳，为平吴之功臣。杜预多次上书欲辞都督荆州之职，司马炎都不肯批准。杜预博学多识，尤其精通《左传》，自称有"左传癖"。撰有《春秋左氏经传集解》三十卷、《盟会图》、《春秋长历》及《女记赞》等著作。杜预在荆州任职期间，兴修水利，开杨口，起夏水达巴陵千余里，内泄长江之险，外面通零、桂漕运，促进交通运输。练兵讲武，兴办学校。还重修邵信臣遗迹，灌溉田地万多顷，荆州百姓深受杜预采取的措施的好处，时人尊称杜预为"杜父"。荆州还到处有歌谣称颂杜预说："后世无叛由杜翁，孰识智名与勇功。"

裴頠著《崇有论》

　　晋元康（291年—299年）时期，时俗放荡，不尊儒术。在此之前，何晏、阮籍等口谈浮虚，不遵礼法，轻视世务，祖述老庄，以无为本，这种贵无贱有的风气十分流行。为了纠正这种风气，产生了崇有的议论。吴人杨泉曾作《物理论》阐述了"无"出于"有"的观点。元康七年（297年），裴頠著《崇有论》提出了新见解。

　　裴頠（267—300），字逸民，河东闻喜（今山西）人。西晋哲学家。通博多闻，兼通医术。官至尚书左仆射。

　　首先，裴頠从政治上和道德风俗上的严重危害对"贵无"论进行了揭露和批判。针对"贵无"论者把"无"作为世界的本体而导致对名教礼制忽视的局面，他大加挞伐。他认为当时放荡虚浮，不重儒术的风气完全是"贵无贱有"思潮影响下形成的，"贵无"论者崇尚虚无放达，轻视政事治功，以脱离实

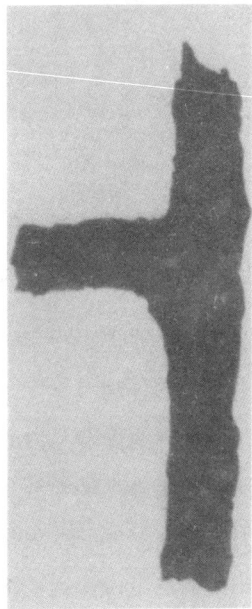

江苏宜兴出土周处墓铁戟

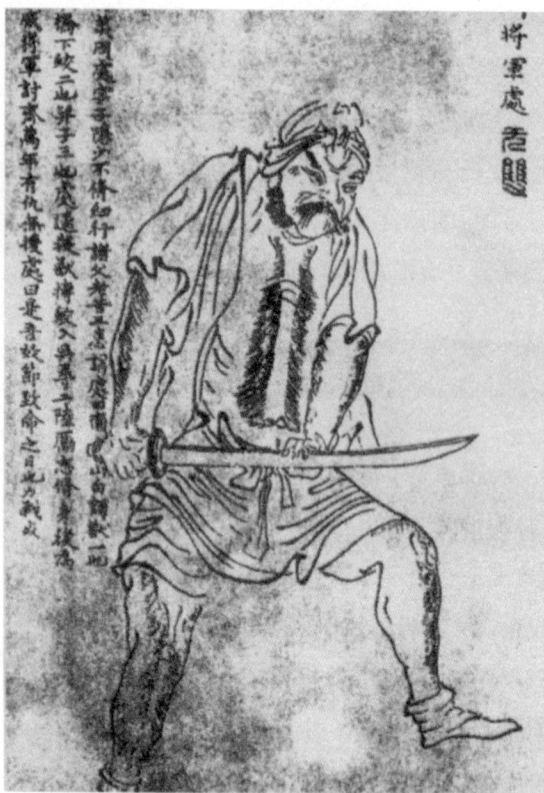

将军虎贲图题

周处（晋），字子隐，少孤，不修细行，州里患之，与南山之虎、长桥之蛟，并称三害。周处乃射虎斩蛟，入吴从二陆求学。归晋，迁御史中丞，氐族齐万年反，处受命征讨，力战而死。

际为高超，以不理政务为高雅，以不讲操行廉耻为旷达，使得人们"遗制"、"忘礼"，等级制度被严重破坏。从维护名教的立场出发，裴頠批判和揭露了以唯心主义为思想根源的"贵无"论，提出了与之针锋相对的崇有论。

裴頠所谓的"崇有"是以注重现实存在的事物为出发点的，他认为万有的整体是最根本的"道"，其崇有论是"总混群本，终极之道"的学说，即强调"道"是最高的终极，而世界上各种有形有象的具体存在物，是各自有生之物的本体，因而有不同的性质和明显的区别。其"终极之道"乃是万有的总和和混合，从而否定了王弼等人鼓吹的以无为本的观点。这种观点肯定了物质世界的绝对存在，具有一定合理内容。在此思想基础上，他肯定万物产生的根据在万物自身而不是其外部，而万物产生以后，又必须借外部的物质条件才能生存和发展，同时承认外部条件的存在以及与万物存在和发展互为条件和相互作用。在说明了万物生存发展条件的互济理论的前提下，他说成济一件事物，依靠的是有而不能依靠虚无。这些观点都对古代朴素唯物主义的发展作出了贡献。

此外，他还提倡以"仁顺"、"恭俭"、"忠信"、"敬让"等道德原则来规范人们的行动，克服浮华放纵的违礼行为，这也是其崇有论内容的一个组成部分。

《崇有论》虽重视礼制、世务，但并不是以儒家观点来批判道家。实际上，裴頠仍然是位玄学家，他要解决的只是有无之辨这一玄学问题。他说，无既然是无，就不能生有，始生只是自生，而生之始只能体有，即有始能存在，无则不能存在。归结他的思想，可以得出以下结论：（一）自然即是万有的综合，万物各本其分而自生。（二）无不能生有。

因清谈的风气此时已经盛行，裴頠的著作虽然力辨，终不能改变世风，《崇有论》一出，就遭到清谈家王衍等的多方攻击和发难。

在著述力辩的同时，裴頠还和三公尚书郎兼守廷尉刘颂一起上表建议整饬律令。他们虽力陈时弊，却没能被当权者采纳，没能产生实际的效应。

永康元年（300年）四月，在赵王伦及孙秀攻占洛阳的变乱中，裴頠和张华等人因不与赵王伦合作而被杀，并被诛灭三族。其时，裴頠年仅33岁。

杨泉、欧阳建反玄学潮流

魏晋是玄学思潮十分兴盛的时代，然而正当其方兴未艾之际，一些进步思想家，高举反玄学的大旗，对玄学理论从各个角度大加挞伐。其中最突出的是杨泉、欧阳建和鲍敬言。

杨泉，字德渊，梁国（今河南商丘）人。大约生活于公元三世纪末，著作有《太玄经》14卷，和自然哲学名著《物理论》16卷，宋代均已散佚。《玉函山房辑佚书·续编》还有清人王仁俊的辑本1卷。杨泉继承了王充的唯物主义自然论和无神论思想，还吸收了"浑天说"、"宣夜说"的宇宙理论的成果，形成了与玄学家"贵无"世界观的尖锐对立，同时否定了玄学神秘主义不可知论。杨泉坚持桓谭、王充以来的无神论的形神观，对正在与玄学合流的佛教神不灭论迎头痛击，对后来何承天、范缜等人的反佛斗争影响很大。此外，杨泉还抨击了清谈玄风，相反，他十分重视工技和生产的实际知识，充分肯定其改造自然的作用从而与玄学家鼓吹的"无为无造"思想根本对立。

欧阳建（270 年—300 年），字坚石，渤海南皮（今河北沧州）人。曾任历山县令、

西晋青瓷扁壶

尚书郎、冯翊太守等职，后因统治阶级的内部纷争被赵王伦杀害。他的哲学著作仅存《言尽意论》一篇。欧阳建针对荀粲等玄学家提倡的"言不尽意"和追求"象外之象"的观点进行驳难，还对王弼的"得意忘言"彻底否定，这些构成了《言尽意论》的主要内容。在《言尽意论》一文中，欧阳建首先强调认识对象的客观性。玄学家虚构的绝对本体"无"自然无法用语言来表述，而其认为语言对辨别事物、表达思想有十分重要的社会功能，概念能反映客观事物及其规律变化，从而否定了玄学家们的"言不尽意"的不可知论。而且语言概念是根据客观事物而产生的，与事物本身是截然不同的，因而，二者既有区别又有联系，语言、概念对于复杂事物的反映有时是近似的不完全的。玄学家片面夸大认识工具（语言、概念）和认识对象的差异以否认主观认识客观的可能性，从而认为"言不尽意"是完全错误的。

鲍敬言提出"无君论"

两晋时期门阀势力大盛，政治黑暗腐败，对此，鲍敬言著成《无君论》，猛烈批判君主政治。

鲍敬言，生平事迹不详，政治思想家，大约生活于两晋葛洪同时或稍前。他推崇老庄之言，幻想一种没有君主和政府的社会，在那里人们没有徭役租赋负担。其思想集中于《无君论》一书，今已佚，残文保存在《抱朴子·诘鲍》中。

鲍敬言依据元气学论提出无君论。认为天地万物都是由阴阳二气化生的，事物禀承刚柔而有不同的属性，随着四时八节的自然变化而有生有灭。各种事物都在自然界中有适当的地位，天高地下，根本没有什么尊卑之分。

他认为有君论是儒老编造出来的神话，君授神权是一种谬论。君主的出现是人压迫人，人欺诈人的结果。"强者凌弱，则弱者服之；智者作愚，则愚者事之"，故"君君之道起焉，力寡之民制也"。君主的出现，对百姓带来的只是灾难，"有司设则百姓困，奉上厚则下民贫"，所以，应当取消君主制，消除社会不平等。他向往无君无臣，丰衣足食，不争势利的理想社会，在一定程度上反映了当时人民摆脱痛苦的愿望。

无君论在中国古代社会独树一帜，包含了进步的社会历史观，对后世的反君主专制思潮有重要的影响。

僧慧琳做"黑衣宰相"

　　魏晋南北朝时期，佛教的东进，自然引起了儒佛、佛道之争。而另一方面，儒、佛、道的相互吸收、相互渗透也较为普遍。玄学的兴起和风盛，更使许多僧徒高谈玄理，出入朱门。当时官僚士人视僧徒如老庄道教之流，而僧徒也以谈玄论道来迎合士大夫，借以宣传佛教。这一特点，在刘宋初期，竟表现为僧人参政。

礼佛图

北魏麦积山石窟男供养人壁画

北魏麦积山石窟女供养人壁画

南朝宋初，江南有一位高僧名叫慧琳，善谈论，尤擅长于用玄学语言解释佛经，并渗入不少儒家观念和治国之道，他还写了《均善论》一书，比较儒、佛、道三家的优劣，得出三家均善、可同为世用的独特见解，当时引起争论。慧僧的这些才能得到了既是佛教徒又是统治者的宋文帝的赏识。而这位宋文帝是在大臣把持朝政、随意废立皇帝的局面中登上帝位的，因此即位后便大削臣权，不设专门宰相，凡与皇帝一起议事并被委以机密者都可算作宰相，慧琳后来也成为了这种宰相之一。

南朝宋元嘉三年（426年）三月，宋文帝铲除了以徐羡之为首的几位专擅朝政的大臣后，亲自选择人才加以任用，慧琳便在这时候受文帝提拔，进入朝廷，拥有宰相之权。此后，慧琳住处总是宾客如云，门前常常停有数十辆车。慧琳披貂裘，穿高屐，俨然风流宰相打扮。因僧人都穿黑衣，所以当时人都称慧琳为"黑衣宰相"。

范缜著《神灭论》

南朝齐永明七年（489年），范缜著《神灭论》，提出形灭神灭的观点，引起全国轰动。

范缜（450年—515年），字子真，南阳舞阳（今河南泌阳县西北）人。自小家贫而孤，他刻苦学习，精通经术，尤其精研三礼，曾任县主簿、太守，后来累官至尚书殿中郎。他性格刚直，素来不信鬼神，反对迷信，在任宜都太守时，下令禁止当地人民祭祀神庙。在南齐武帝永明七年（489年）和丞相萧子良论证"因果报应"问题后，开始著述《神灭论》。这本书继承了我国古代唯物主义思想家反对鬼神迷信的优良传统，坚持朴素唯物主义和无神论观点。

范缜在《神灭论》中，首先以朴素唯物主义的形神一元论作为自己"神灭"论的出发点，提出"形神相即"的思想理论，他说明了形和神的关系是统一而不可分的，人的精神不能离开人的形体而单独存在。形体是基础，精神的"生"和"灭"取决于形体的生存和死亡，所以他说"形存则神存，形谢则神灭"。

为了论证"形神相即"，形体与精神名称不同而实际是一体的观念，范缜继而提出"形质神用"的观点。"质"是物质实体，"用"指作用，他说形是神赖以产生的实体，是第一性的，神只是形体派生出来的作用，是第二性的，二者不可分割。范缜深刻地阐明了人的形体与精神关系的特点，把形神看作是一个统一体的两个方面。

范缜扬弃了桓谭、王充用薪火关系比喻形神关系的不够确切的说法，提出以刀的"刃"和"利"的关系比喻形与神的关系。他说没有刀刃的存在就

南朝出行画家砖

没有锋利可用，人的形体死亡，精神作用也就不复存在。围绕"形神相即"这一主旨，范缜进一步阐述"形质神用"的观点，批驳了"神不灭"论者的"形神相异"的谬误。

范缜从形神一元论出发，进一步指出精神现象只是人体的感觉器官和思维器官的作用。人们的看东西、听声音要靠眼睛和耳朵这两种器官，要进行判断是非则要靠主管思维的器官"心"。人的精神作用可分为"知"和"虑"两个阶段，感性上的"痛痒之知"的认识作用较浮浅，理性上的"是非之虑"则比较深刻。人们通过眼、耳、手等感官接触，再以"心"思考和判断，就可以明辨是非，人的认识都是来源于感官对外物的反应的。这就驳斥了佛教宣扬的"神不灭"论以及佛教"般若"空宗所说的人的内心有神秘先验的认识能力的唯心主义观点。这也正是范缜形神观高于前人之处，这说明范缜的

"形神相即"的唯物主义形神一元论思想已经达到了古代朴素唯物主义所能达到的最高水平。

范缜在解释社会现象时，不可避免地带有古代唯物主义的局限性。他误认为"心"是思维的器官，认为"圣人"和一般人有不同的智慧和道德是因为他们的体质构成不相同，他对传统儒家经典中提到的鬼神不敢公开怀疑，在反对"神不灭"论时，又承认神道设教的社会作用。这些反映了范缜思想中的矛盾性和局限性。

范缜的《神灭论》是继王充的《论衡》以后，我国又一部具有重大历史意义的唯物主义哲学论著。范缜继承了我国古代唯物主义思想家反对鬼神迷信的优良传统，尤其是继承了荀子、桓谭、王充以及当时反佛斗争的先驱者何承天等人的朴素唯物主义和无神论思想，以《神灭论》针对佛教展开批判，从而把反佛斗争推向一个高潮。范缜一生对佛教神学迷信作了坚决而勇敢的斗争，是我国历史上生出的战斗无神论者和唯物主义者。

经学家皇侃逝世

皇侃像

南朝梁大同十一年（545 年），南朝最著名的经学家皇侃去世。

皇侃（488 年—545 年）是吴郡（今江苏苏州）人，东吴书法家皇象的后代。他小时候很好学，拜会稽经学家贺场为师。得名师指点，进步很大，他很快就通习《三礼》《孝经》《论语》等典籍。皇侃很孝敬父母，据传他每日都要把《孝经》诵读20 遍。后来皇侃做了国子助教，专门从事讲学。大同四年（538年）十二月，皇侃写成《礼记讲疏》一书，献给皇帝过目。梁武帝很欣赏他的经学才华，曾召他进寿光殿，请他给自己讲解《礼记义疏》，后又封他为员外散骑侍郎，宠信有加。

皇侃是南朝最著名的经学家，死时年仅58岁，但他著述勤奋，一生作诸经义疏多达180多卷，主要有：《丧服文句义疏》10卷，《丧服问答目》13卷，《礼记讲疏》99卷，《礼记义疏》48卷、《孝经义疏》3卷，《论语义疏》10卷。其中《礼记义疏》、《论语义疏》最受学者重视，对后世的经学研究影响很大。

王玄览著《玄珠录》

王玄览也是唐代在道教的唯心主义理论体系方面的代表人物。他原名晖，生于唐高祖武德九年（626年），死于武周神功元年（697年），主要著作有《玄珠录》。

他以佛教思想来充实道教的理论，具有鲜明的主观唯心主义特点。他将道分为"可道"与"常道"；"可道"生万物，万物有生死，"常道"生天地，天地能长久；"可道"与"常道"又统一不可分，故道是假又真，"道中有众生，众生中有道"；众生非道，但有"道性"，修炼心识，便能得道。他又运用佛教法相宗（即唯识宗）"万法唯识"论来解释世界与人生："心生诸法生，心灭诸法灭，若证无心定，无生亦无灭。"他指出道教修道成仙要修得一个清净不变的"识体"——"识体是常是清净，识用是变是众生，众生修变求不变，修用以归体，自是变用识相死，非是清净真体死。"

因此，他所讲的"道"生万物，实际就是"心"生万物，"空见与有见，并在一心中"，"十方所有物，并是一识知"，"心之与境，常以心为主"……根本否定客观事物及其运动变化，并把它归之于主观意识的产物，是彻头彻尾的主观唯心主义理论。

他的道学理论与成玄英同出一辙，而佛教色彩更为浓烈，明显地受佛教法相宗的影响，并套用其理论以附会以道教教义炮制出来的主观唯心主义神学理论。

孔颖达撰《五经正义》

贞观十四年（640年）二月，唐太宗李世民为提倡教育、推尊儒学，命孔颖达撰定《五经正义》。

孔颖达（574年—648年），字仲达，冀州衡水（今属河北）人，唐代经学家。少时从刘焯学习，曾任隋河内郡博士。唐朝任国子博士、国子司业、国子祭酒诸职。

贞观年间（627年—649年），因儒经师说多门，太宗下诏令孔颖达撰写《五经正义》以资讲学。《五经正义》共180卷。所选注本基本参照陆德明的《经典释文》作法，以全国通行注本为准：《尚书》注主要以伪孔安国传；《诗经》主要用毛公的传和郑玄的笺，刘焯、刘炫的义疏；《礼记》主要用郑玄注，皇侃的义疏；《左传》主要用杜预注，刘炫的义疏；《周易》主要用王弼注。疏证依据"疏不破注"的原则对选定的注释进行阐发、证明和补充。

在《五经正义》中，为了更好地考证词义，孔颖达有时用古文献资料来考证词义，有时根据音义关系考据词义，有时根据词义之间的关系考据词义，有时利用说明训释词与被训释词之间的意义关系的方法考证词义，有时又利用语境证明

孔颖达像

词义。在疏证中，孔颖达十分强调儒家的"礼"，提倡尊卑贵贱的区别。他在《礼记正义序》中说礼是人生最大的事情，没有礼无以辨君臣长幼之序位，为了提高"礼"的地位，孔颖达甚至把"礼"说成是先于天地产生，并将与天地共存的东西。

在哲学思想上，孔颖达受曹魏玄学家王弼的影响，将"虚无"视作宇宙万物的本原。他宣称"万物之本，有生于无"，"无阴无阳谓之道"，提出了"先道而后形"的思想，对宋代的程朱理学产生了很大影响。

以孔颖达《五经正义》为代表的二度注释的出现，标志着考据工作已经成为传统训诂学的一项重要内容，使传统训诂学进入了一个崭新的阶段。

《五经正义》从内容上看，其《诗》主毛诗，《书》主古文，《易》用王弼一派，《礼》注重《礼记》，《春秋》则偏重《左氏传》，基本上以古文经为主，结合了一些隋唐经学研究的成果，由于依据的传注不同，又疏散驳杂，一般认为，其中以《毛诗正义》、《礼记正义》为优。通过唐初一批名儒对《五经正义》的编撰，对两汉魏晋南北朝以来的经学作了总结，结束了经学内部宗派的纷争，后世学习研究儒家经典，多依据该书的内容和释义，经学从此获得了空前的统一，这是经学史上的一个进步，它为宋元明新儒学准备了条件。另一方面，其偏重训诂考据而轻视思辨和发挥，虽然给教学、考试带来一定便利，但同时大大束缚了思想的发展，士子们习经应试都墨守《正义》，不敢另立新说，经学于是形成一个僵化的模式。《五经正义》在唐代及至后代的经学教育和科举考试中一直占据统治地位，为统治者所倚重。

道宣去世

文殊菩萨造像

　　道宣（596年—667年）唐代高僧，佛教史学家，俗姓钱，润州丹徒（今属江苏）人，中国佛教南山律宗创立者，为戒律三宗一大宗。道宣15岁跟从慧頵律师受业，十六岁落发，隶长安日严道场。隋大业年，从智首专究律学，后居终南山白泉寺，隋末徙崇义精舍，又迁居丰德寺。高宗时充西明寺上座。曾从玄奘翻译佛经。他一生宣立戒坛传法，受业弟子遍及北方各地，南方亦有不少，弟子中有名者如大慈律师、文纲等。道宣大力宣扬戒律，因而戒律在唐朝盛行。乾封二年（667年）十月三日，在宣安坐化，终年72岁。著有《注戒本》（戒疏）、《注羯磨》（业疏）、《行事删补律仪》（行事钞）、《古今佛道论衡》、《大唐内典录》、《广弘明集》、《续高僧传》等书，对研究初唐以前佛教史很有价值。圆寂后，高宗曾令天下寺院绘道宣像形，塑其像，追仰其道风。后天宝元载（742年）及会昌元年（841年），灵昌太守李邕、工部郎中厚本分别为道宣立碑颂德。

王玄览援佛入道

王玄览（626 年—697 年），原名晖，法号玄览，号洪元先生，唐初道士、道教学者，曾博览佛、道二教经典，探索其中精奥。其谈经论教之言辑录成《玄珠录》2 卷传世。

唐代的道教，受到当时发展壮大的佛教和唐代灿烂辉煌的思想文化的影响，进一步向义理化发展。王玄览的学术思想源于道家而杂有佛教色彩，是当时以神仙信仰来阐发老庄思想和用佛教唯心主义来充实道教理论的代表人物之一。他仿照佛学中"佛"与"众生"非一非二的命题，认为"道"先于"众生"而存在。为论证神仙长生的道教信仰，他对"道"进行了神化阐，认为"道"是宇宙的本体，是永恒不变的存在，即"万物禀道生。万物有变异，其道无变异"。"道"这个不生不灭、万物众生的本体，并不在人心之外，人心中就有"道性"。"道性"生万物，就是心生万物。他认为"心生诸法生，心灭诸法灭，若证无心定，无生亦无灭"。他将一切事物看作是由人的内在意识所产生和决定的，"心之与境，以心为主"，"十方所有物，并是一识知。是故十万知，并在一识内"。这些思想明显地吸收了佛教中玄奘创立的唯实宗的"历法唯识"、"唯识无境"的观点。王玄览在道教的教理教义中糅合了佛教的唯心主义思想，进一步认为修道成仙的要旨在于修得一个清净不变的"识体"，才能使"真体"不死，也就是他所说的"识体是常是清净"，"非是清净真体死"。

王玄览援佛入道充实了道教理论，是唐代道教义理化趋势的一种表现。

李吉甫撰《元和国计簿》

唐宪宗元和二年（807 年），宰相李吉甫等人撰成《元和国计簿》，共 10 卷。该书汇总当时全国方镇、府、州、县数与户口、赋税、兵员的实际情况，是唐代有关国家财赋的重要著作。书中共记全国 48 方镇，295 州府，1453 县，2442540 户，租税总收入有 35151228 贯、石；凤翔、郎坊、邠宁、振武、泾原、银夏、灵盐、河东等军镇都在边陲，不纳赋税，易定、魏博、镇冀、范阳、沧景、淮西、淄青等藩镇都为世袭，割据一方，根本不申报户口、不纳赋税，每年赋税只依赖浙江东、西、宣歙、淮南、江西、鄂岳、福建、湖南等 8 道 49 州，共有 1440000 户人口，比天宝年间（742 年—756 年）税户减少 3/4；全国兵卒 830000 多人，比天宝年间增加了 1/3，大约两户养一兵。因水旱所减税额及因战事所征税额，不在此数。

李吉甫编成《元和郡县志》

唐宪宗元和八年（813 年），李吉甫编成了《元和郡县图志》，全书从京兆府到陇右道，共写了 47 镇，在介绍每个镇前都附有一幅图。但大约在南宋时，志存而图失，所以也有人称此书作《元和郡县志》。这是我国现在最早最完整的全国性方志名著，同时也是一部以疆域政区为主体的地理总志，保存了唐代政治经济的宝贵资料。此书继承和发展了汉、魏以来的地理志、图志

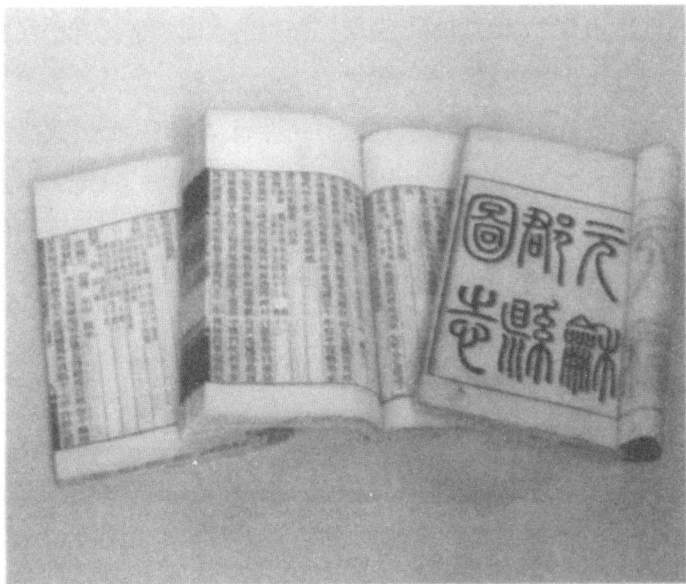

李吉甫撰《元和郡县图志》。唐代地理总志，是现存最早且较完整的总志。

和图经的编撰方法，叙述有章有法，内容翔实可信，后世认为此志"体例最善"。以后历代各种志书都以此志为范本，所以此书也可称是划时代的地理著作。

《元和郡县志》原有志40卷，目录2卷，共42卷，今传本缺6卷，仅存34卷。唐代自贞观以来把全国分为十道，此书就以道分卷，道以下是府州，分别叙述了治所、沿革、户额、贡赋等内容。重点叙述了各地的山川河流、形势险要、农田水利等。全书共记河流550多条，湖泊130多个。李吉甫在书中对节度使控制的府州，都标明该地归某某节度使管辖和该节度使管辖的范围，以便引起人们的注意，达到削弱藩镇势力，维护全国统一的目的。此书还记述了各府州的户口资料，更值得令人重视的是书中列举了开元和元和年间的户额，不仅反映出了唐代户口分布情况，而且反映了安史之乱前后人口分布的变化。如河南道的汴、宋、亳、许、陈、徐等六州，元和时户额不到开元时的1/10，而中州（治所在今河南信阳南）则仅为1/34。但同时，有些地方人口有所增长，如江南道的苏、鄂、洪、饶、吉等五州人口均有大幅度增长，说明同一时期江南经济仍有所发展。这些材料对于研究唐代历史和地理，是很有参考价值的。另外，该书不只介绍了各府州的一般情况，而且对它们的府州界线、等级（当时按所在位置、辖境、人口、经济发展状况等，把府州划分为不同等级）、物产、八到（按八个方位到主要城镇的距离和路线）等都有记载。这是因为李吉甫想力求使此书更为实用，达到充分为政治、经济、军事服务的目的。

李翱论学

李翱（772年—841年），字习之，陇西成纪人，中唐著名思想家和教育家。

李翱直接继承和发展了韩愈的教育思想。但他和韩愈不同，他反对盲目反佛，主张有的放矢。他认为，佛道思想中的某些重要的思想与方法是可以借鉴的。因此后人评价他"儒表佛里"。

虽然如此，李翱的教育目标也是培养合乎儒家道德伦常和理想的君子圣贤，这点和韩愈的卫道思想是相同的。他批评当时的教育使"入仕者以容和为富贵路，曷尝以仁义博施之为本乎？由于经旨弃而不求，圣人之心外而不讲，干辨者为良吏，适时者为通贤，仁义教育之风，于是乎扫地而尽矣"（《李文公集·与淮南节度使节》），认为发展教育不仅要"学其言"，更要"行其行""重其道"，最终完成读书成圣的主要教育目的。

李翱从人性理论出发，认为教育的根本任务在"复性"，这与孟子及佛教禅宗"求本心"、"求诸己"、"心外无物"、"明心见性"、"见性成佛"的思想同出一辙。在他看来，"人之初性本善"，只因后天受妄情所惑，才会不明事理，通过教育可使"妄情灭息，本性自明"，故圣人"教人忘嗜欲而归性命

唐驰马女俑。唐代仕女骑马郊游蔚然成风，诗文绘画多有描写。骑马者为贵族少女，服饰和鞍具均很华丽，脱靴束于鞍上这一细节表现出少女天真烂漫、无拘无束的性格。

之道也"（《李文公集·复性书》）。显然，他的主张对宋儒"存理灭欲"主张有直接的影响，进一步补充和深化了传统的儒家教育思想。为了达到"重道"和"复性"的教育目的，李翱认为首先要精心研读儒家经典里的核心著作，掌握其精髓。

除了读圣贤书外，李翱认为还应该注重修养的功夫，特别是"慎独"，为人处世不为外物所惑，这在一定程度上带有佛教的色彩。他强调指出，"复性"是一个永无止境的过程。"择善而执之者"，必须本着"至诚"的精神，坚持不懈，"终岁不违"圣贤之道，否则"复性"即不能彻底，不能"归其源"（《李文公集·复性书中》）。在"复性"的具体过程中，李翱强调人的主观作用，认为只有像颜回那样不自弃，安贫乐道，不断努力，才能成为"复性"之人，达到圣贤之域。

柳宗元的政治哲学思想

哲学家、思想家柳宗元对天命神学世界观加以深刻批判，对自先秦以来天人关系的理论总结和创造，在古代唯物主义无神论的发展史上，作出了重要的贡献。

柳宗元继承和发展了汉初以来的"元气"论，作名篇《天说》，批判韩愈将"天"作为有意志、能赏罚的人格神。而其哲学名篇《天对》，则对战国时期大诗人屈原在《天问》中所提出的、有关宇宙的和历史的诸多重大问题，作出了中国历史上唯一的答复。

柳宗元认为世界上一切事物的实质皆为自然物质"元气"。在原始的浑沌状态中，只有"元气"在自然运动发展，由此派出了阴阳二气和天，阴、阳、天三者的结合点，是受"元气"所支配、"统同"。"元气"缓慢的吹动，造成寒冷的天气，冷热交错起着促进万物生长、变化和发展的作用。

柳宗元在《非国语》中，还运用了八个"自"来形象地描述"元气"自然运动的各种形态。他说："山川者，特天地之物也。阴与阳者，气而游乎其间者也。自动、自休、自峙、自流，是恶乎为我谋！自斗、自竭、自崩、自缺，是恶乎为我设！"

柳宗元在答刘禹锡《三论》书中，

柳宗元像

提出了天人"二之而已，其事各行不相预"的思想理论。他认为，天地、元气、阴阳同瓜果草木一样，都是没有意志的自然物质，因而人事的"存亡得丧"和"天"根本没有感应和赏罚的关系，故而"功者自功，祸者自祸。欲望其赏罚者大谬；呼而怨，欲望其哀且仁者，愈大谬矣"。柳宗元以其"元气"自然运动和天人"各行不相预"的唯物主义思想为理论武器，对历史上的以及当代的神学迷信进行了无情的批评，较为系统地阐明了他的无神论思想。针对中唐时期豪族地主享有各种特权的情况，他以其唯物主义的无神论观点，贯穿于社会历史观，用以对封建豪门特权者所赖以维持其统治的理论——神学天命论，进行了无情的批判。他的"生人之意"为历史前进动力的新学说，与刘禹锡的"法制"说，互相联系、互相补充，是唯物主义在社会史观上的首创性运用。

从其哲学思想出发，柳宗元根据他所处的时代，形成了一套政治理论。柳宗元所处的时代，是唐王朝逐步衰落的时期。当时，朝中宦官专权，四方藩镇割据，唐帝国的中央集权大大削弱。中唐以后，中央王权与地方藩镇的矛盾更加尖锐。"封国"本是指我国古代实行的"封国土，建诸侯"的制度，即分封制。它是在中国古代经济基础和宗法血缘关系上形成的一种政府组织形式。战国时，郡县制逐步取代分封制，这是国家制度的一次大的变革。唐朝中后期，为了适应藩镇割据的需要，分封论调再次出现。柳宗元《封建论》的问世，正是对这种思想的有力回击，也是秦汉以来关于郡县制和分封制争论的一篇出色的总结。

柳宗元认为，国家起源于社会斗争。他论证了郡县制代替分封制是历史发展的必然趋势。否定了关于圣王根据天意创立分封制的说法，动摇了分封制的理论基础。柳宗元又比较了分封制与郡县制的优劣。他指出，周朝的历史证明，实行分封制的结果，是诸侯专横，"末大不掉"，天子根本无法控制地方，地方大搞独立王国；秦始皇废分封，置郡县，形成了"摄制四海，运于掌握之内"的政治形势，建立了空前统一的国家。事实证明，郡县制优胜于分封制，郡县制取代分封制是历史的进步，至于秦之

"速亡","失在于政,不在于制",是由于政治腐败,赋役苛重,刑罚酷虐,而不是郡县制度本身有什么弊病。他认为唐朝设置州县,任命州县官的做法是正确的,是唐朝兴盛发达的原因。而今之所以"桀猾时起,虐害方域",并非州县制度不好,而是因为藩镇称兵割据,"失不在于州而在于兵,时则有叛将而无叛州"。为了维护国家的统一,他认为州县制度是不能废除的。柳宗元以后不再有人怀疑郡县制的优越性,这便是柳宗元《封建论》的重要作用。

柳宗元是晚唐中国最重要的思想家之一,他以政治家的犀利触角,阐发了中国传统思想的很多重要问题,对中国思想的传承作了重大贡献,对当时的社会也产生了重大影响。

李翱提出复性论

李翱(772年—841年),唐朝陇西(今甘肃武威)人,字习之,唐代哲学家。他担任过国子博士、刺史、侍郎、山南东道节度使。著作有《李文公集》《论语笔解》(与韩愈合著)。其哲学代表作是《复性书》。

李翱受佛学影响较深,他在《复性书》中,一方面阐述和发挥了儒家经典《中庸》的性命学说,继承儒家思孟学派的唯心主义传统;另一方面,又注入佛教的心性思想,形成一套唯心主义理论体系,即复性学说,在理论上呈现出儒、佛思想合流的趋势。

在人性论方面,李翱主张"性善情恶"论。他认为每个人都具备做"圣人"的基础,人的本性都是先天就符合道德标准的,"百姓之性与圣人之性弗差"。"性"是纯粹至善的;而"情"却是害性的。之所以凡圣有别,就在于百姓为七情所惑,而圣人却能保持先天的本性。在"性"与"情"的关系上,他认为人的"性"是基本的,"情"是由"性"派生的,从属于性的。他以水和火喻"性"，以泥沙和烟喻"情"；水流浑浊是因为掺杂了泥沙，火光暗淡是因为烟雾郁结。泥沙沉淀，烟雾消散，则会水清火明。凡人要去情复性，才能成为圣人。李翱的这种观点，明显地与佛教"心性本觉，妄念所蔽"之类的命题有相通之处。

李翱还提出了"复性"的途径。他认为首先要"无虑无思"，也就是要彻底排除外物的干扰，摒弃一切视听见闻的感觉和理论思维活动，如此自然就"情则不生"，达到"无思无虑"的境界。

要达到"复性"的目的，要做到"知本无有思"，即通过自我内心"修身养性"的过程，领悟到本来就没有什么思虑，"心寂不动，邪思自息"，于是动静皆离，达到"至诚"境界，人就能复归于本性，超凡入圣。他认为人性的复明在于"诚"，"诚"便能"尽其性"，从而使自己的行为合乎道德准则。这一提法既发挥了《中庸》中"诚则明"思想，又受到佛教禅宗"无念为宗"学说的影响。

韩愈作《师说》

韩愈（768年—824年）字退之，河南南阳人，唐代最著名的文学家、学者、思想家和教育家。曾任国子博士、国子祭酒、吏部侍郎及京兆尹等职。

《师说》是韩愈教育思想的重要代表作，也是中国古代第一部集中论述教师问题的名作。在继承《礼记·学记》中有关思想的基础上，韩愈总结自己的体验和实践，概述提炼出一套系统的教师理论，包括教师的作用、地位、任务、评价标准和师生关系等；同时抨击了当时社会上及学界的不良学风。首先，韩愈开门见地指出"古之学者必有师"，认为从师学习是儒学教育的优良传统。即使是巫医乐师，百工之人也有可学之长。他又指出："人非生而知之"，在学问上，"无贵无贱，无长无少，道之所存，师之所存。"

作为教师，韩愈认为应该具备"传道、授业、解惑"这三方面的能力。并应在"教学相长"中不断提高自己各方面的能力，充分认识到"圣人无常师"，以及"师不必贤于弟子，弟子不必不如师"的教学辩证关系。这些是针对当时某些求师问学和为师教学者的心理障碍而发的议论，为后生学子突破陈规旧俗的束缚，充分培养和发挥自己的聪明才智开辟了道路。总之，在韩愈的教学思想中，最精彩的莫过于他对教师及师生关系的论述，可以和他"文以载道"的思想相提并论，成为韩愈的重大贡献。

韩愈像

韩愈以文为诗·风格独特

韩愈不仅在散文方面卓有成就，在诗坛上也独树一帜。他的诗歌创作与他的散文创作有着异曲同工之处，不仅某些思想内容一以贯之，在表现手法上，亦有明显的散文化倾向，这与他提倡儒学复古、反对骈文是一脉相承的。

韩愈写过不少现实意义较强的诗作，"不平则鸣"的文学观点在韩愈的诗中继续体现出来。如《汴州乱》《归彭城》等反映了藩镇叛乱事件，触及人民疾苦，在当时有批判意义；《谢自然诗》《送灵诗》等则表现了他反对佛老、斥责神怪迷信的态度；《山石》《八月十五夜赠张功曹》等诗则通过自己和朋友们怀才不遇或被贬的遭遇，抒发对当时黑暗政治的愤懑。

韩愈诗歌在表现手法上最突出的特点，便是"以文为诗"。他常常把散

宋代苏轼书《昌黎伯韩文公庙碑》（残片）

文的篇章结构、句式、虚词等用于诗歌写作中，使诗的形式散文化；又喜欢在诗中横生议论，有时通篇以议论为诗；还喜欢用赋的铺张雕绘方法，洋洋洒洒直陈其事。这些表现手法产生了一些风格独特的佳作；如《山石》，全诗以素描式的散文笔调，描写了山间的黄昏、夜景和晨景，处理光线明暗得当，点染色彩浓淡相宜，诗中画意盎然。又如《听颖师弹琴》，借用一连串形象生动的比喻，把音乐的起伏跌宕表现得酣畅淋漓、动人心魄。但是"以文为诗"也带来了一些弊端，如议论过多显得逞才使气，铺叙太甚显得累赘堆砌，这些都影响到诗歌意境的含蓄隽永。

韩诗的另一特点，便是追求奇特险怪。这与他在古文运动中主张"唯陈言之务去"、反对"沿袭"、"剽盗"的观点也是一致的。这种追求表现得当能给人以奇特雄伟之感，如《陆浑山火和皇甫湜用其韵》、《月蚀诗效玉川子作》等。而过分追求奇险则走向另一个极端，如《南山诗》采用汉赋排比铺张的手法，连用51个带"或"字的诗句和14个叠字诗句来表现终南山四时景色的变化和山势的形态，且搜罗光怪陆离的僻字，押险韵并一韵到底。这种近于玩文字游戏的表现方法，在艺术上没有积极的意义。

以文为诗和涉险猎奇构成了韩愈诗歌宏伟奇崛的艺术风格。独特的表现手法，既产生了许多佳作，也出现了一些败笔。但韩愈在中唐诗坛上的贡献是突出的：他一扫大历以来的平庸诗风，别开生面地创建了一个新的诗歌流派——与当时的"元白诗派"并驾齐驱的"韩孟诗派"，在当时和后世都有影响。

韩愈主张文以载道

韩愈（768年—824年），即韩父公，唐代文学家、哲学家，河阳（今河南孟县）人。他自幼究心古训，关心政治；25岁登进士第，29岁步入仕途。在监察御史任上时，他因关中旱饥，上疏指斥朝政，请减免赋税徭役，被贬为阳山令；在刑部侍郎任上又因谏迎佛骨被贬为潮州刺史；后历国子祭酒、京兆尹及兵部、吏部侍郎。

韩愈一生政治上有作为，文学上成就更大。他思想上推崇儒家孔孟之道，倡导了唐代古文运动，提出了以"文以载道"核心的一整套文学主张，并身体力行创作了大量诗文，名列"唐宋八大家"之首。

古文运动的出现有着深刻复杂的社会背景，而直接原因则是因为六朝以来"饰其辞而遗其意"的骈文已经不能满足士人们宣扬儒学、表达政见的需要。于是韩愈发起了这场文体革新运动，在形式上反对骈文的僵化和雕琢，在思想内容上也与骈文的空洞浮泛背道而驰。这里所说的古文，既有古代散文的意思，还有古代道统（圣贤之道）的意义。韩愈明确表示："学古道则欲兼通其辞；通其辞者，本志乎古道者也"（《题欧阳生哀辞后》）。由此可见，学习古文的目的是弘扬古道。道是目的，文是手段；道是内容，文是形式。"志道"，即后来宋人所说的"文以载道"，是韩愈最重要的文学主张，也是古文运动的理论基石。它的进步意义在于强调了为文的思想内容，在客观上突破了纯粹圣贤之道的局限，给文学带来了活跃的生命力。

　　围绕"文以载道"这一核心，韩愈还阐发了一系列文学观点。他强调作家的修养，指出"根之茂者其实遂""气之盛则言之短长与声之高下者皆宜"（《答李翊书》）。他重视文章的社会现实性，认为文学是从社会和时代的矛盾、斗争中产生出来的，"大凡物不得其平则鸣"（《送孟东野序》）。这一思想对他的散文成就影响很大，使他的文章在思想内容方面有了更广泛、更深刻也更现实的意义。在文章的表现方法上，韩愈也提出了具体要求，主张学古文应"师其志，不师其辞"，号召在继承传统的基础上加以革新创造，反对因袭模仿；在语言方面则要求"唯陈言之务去""文从字顺各识其取"。韩愈不仅以其文学主张指导当时的文体改革，而且付诸个人的创作实践，他的

广东潮州西湖"景韩亭"

宋代刻本《韩昌黎文集》

散文在思想性和艺术性方面都有很高成就。他的三百多篇古文大致可分为论说文、叙事文和抒情文三大类，各有特色。论说文多以正统儒家的思想观点剖析各种社会现象，对时政及时弊提出批判性意见，突出地体现了他"文以载道"和"不平则鸣"的文学主张，是韩文中最有光彩的部分。这类作品的代表作有《原毁》《师说》《杂说四》《进学解》《送穷文》《送李愿归盘谷序》等名篇。叙事文往往文学性较高，刻画人物形象生动饱满，绘声绘色，著名的有《张中丞传后叙》《试大理评事王君墓志铭》等。抒情文则情感真挚充沛，抒写委曲，具强烈的艺术感染力，最突出的有《祭十二郎文》《与孟东野书》等。韩愈另有一些散文，构思奇特，寓意深长，带传奇小说色彩，如《毛颖传》等。

韩愈的散文气势充沛，雄奇奔放，富于曲折变化又明快流畅。苏洵说："韩子之文，如长江大河，浑浩流转。"由此可见韩愈散文的风格。在语言表达方面，韩愈堪称一代巨匠。他的散文语言简练、准确、鲜明、生动；他善于推陈出新，从古人语言和当代口语中提炼出精彩的文学语言，如"佶屈聱牙"、"蝇营狗苟"、"贪多务得"、"动辄得咎"等等，沿用至今，丰富了我国文学语言。韩愈还善于使用排比、夸张、比喻、对照等修辞手法；在句式、章法等方面，也有创造性的发展变化。

韩愈是司马迁之后伟大的散文大师之一，有"文起八代之衰"（苏轼《潮州韩文公庙碑》）的功绩。他不仅为散文创作奠定了理论基础，而且在创作实践上树立了典范，开创了内容充实、去尽陈言俗套、随自然语势自由抒写的一代新文风。

王安石主张"文章合用世"

王安石（1021年—1086年），字介甫，号半山，抚州临川（今江西临川）人，北宋著名的政治家、文学家，唐宋八大家之一。

作为一个有抱负的大政治家，王安石一生致力于变法革新的政治理想，其文学主张亦带有明显的政治功利目的。他曾抨击西昆派文人"杨刘以其文词染当世"，并积极投身于欧阳修倡导的北宋诗文革新运动。随着变法思想的形成，他的文学观更明确地强调经世致用，其核心即"文章合用世"（《送董传》）。他认为"文者，务为有补于世用而已矣；所谓辞者，犹器之有刻镂绘画也。诚使巧且华，不必适用；诚使适用，亦不必巧且华。要之以适用为本……"（《上人书》）在他看来，"适用"乃是作文的前提，文采、形式是次要的，物器能用即可，不必太过花俏。他的文学实践充分体现了这些理论。其中以文章的影响和成就最大，卓立于唐宋八大家之列。

政论性散文在王安石的文章中占了很大比重。这些作品，大都针对时弊，以议论说理、驳难辨析见长。如《本朝百年无事劄子》，系统地分析了北宋百年以来的政治情况，希望神宗能革除"因循末俗之弊"，表现了他对社会现实的关心和刚毅果断的政治家风度。又如著名的《答司马谏议书》，言简意赅地剖析了司马光对新法的责难，措词坚决而又委婉，政治态度鲜明。还有《读孟尝君传》，从历史实际的客观分析出发，指出鸡鸣狗盗之徒出其门正是孟尝君不能得士的明证，以新颖独到的见解驳斥了孟尝君善养士的传统观念。这些政论文见识高远，组织严密，析理精微，辞锋锐利，富于鼓动性，充分体现了王安石作为政治家的气魄和眼光。这些文章往往以短小精悍取胜，行文"简而能庄"。《答司马谏议书》以300多字驳斥了司马迁3000多字的指责，文章"劲悍廉厉无枝叶"。《读孟尝君传》全文不满百字，却波澜起伏，跌宕生姿，清人沈德潜评价该文："语语转，字字紧，千秋绝调"，是古来短文中的名篇。

王安石的记叙文亦很有特色。他早年宦游州县时，写过不少记叙性散文，多属意于借端说理、载道见志，而不重写景状物、铺陈点染。如他的游记名篇《游褒禅山记》，以兴叹为主，记游是辅，表明他因游而悟的治学道理。

王安石为文早年主要师法孟子和韩愈，后得欧阳修指点，兼取韩非的峭厉、荀子的富丽和扬雄的简古，融会贯通，形成气雄词峻、峭刻幽远而又朴素无华的独特风格。虽然议论过多在记叙性文章中有时影响了形象性，且文采不足，但王安石的文章在宋代仍不失为第一流的作品，不仅对后人影响很大，即使当时在政治上反对他的人，亦推崇他的文学成就。

王安石与司马光就理财问题争论

王安石在变法前，就与司马光在理财问题上发生根本的分歧。王安石认为宋代"积贫"的主要原因不在于财政支出过多，而在于生产甚少。他认为理财的最好办法就是广开财源，即"因天下之力以生天下之财，取天下之财以供天下之费"，从而扭转政府财政亏空的局面。而司马光在嘉祐七年（1062 年）的《论理财疏》中也提出了自己的理财方针，他认为自然界所能生产的物质财富一般都保持在一定的数量上，只会因水旱等自然灾害而增产或减产。而财政支出过多，冗官、冗兵、冗费等是造成国家财政紧张的直接原因。因而司马光的理财方针是节流，即节省一切不必要的财政开支。这样就能解决国家的财政危机。熙宁元年（1068 年）九月，王安石与司马光同时被任命为翰林学士时，就理财问题，又发生一场争论。变法派所实施的一切措施都遭到了以司马光为首的一些官僚的反对，司马光还攻击王安石的理财方针违背了孔孟之道。王安石写了有名的《答司马谏议书》，对司马光的诘难进行了有力的反驳。

王安石颁行均输、青苗及水利诸法

宋神宗即位后，于熙宁二年（1069 年）任王安石为参知政事，开始变法。

熙宁二年二月，经神宗与王安石商讨，为实行变法而设立了一个专门机构——制置三司条例司，负责制定新的财政经济政策，变革旧法，颁行新制，以通天下之利。

熙宁二年七月，制置三司条例司上书宋神宗，认为目前国家财政危机异常严重，而京师的需要和地方上贡情况互不通气，因而六路（江南、荆湖等六路）上贡的地区花大力气、高价钱运输到京师的财物，因京师不需要，往往以半价出售，造成富商大贾囤积居奇、操纵物价的严重情况。因此，制置三司条例司建议实行均输法。即增设发运使一职，总计六路赋税收入情况，并详细了解六路各地区财货的有无、多寡而互相协调。发运使还必须了解京师仓库储存物品情况，从而向各地征取所需物资，以防止商人囤积居奇。宋神宗即任命薛向为发运使。均输法的实行，在"便转输，省劳费，去重敛，宽农民"等方面，收到一定的成效。

熙宁二年九月，王安石根据自己早年在鄞县（今浙江宁波）任官时实施的借贷粮食给老百姓、秋后计算利息以偿还的经验，并参照李参在陕西地区推行青苗钱的例子，改革常平仓制度，实施青苗法：将过去负责调节谷价的常平仓及负责赈济贫疾老幼的广惠仓所积粮谷兑换成现钱，每年青黄不接时，于夏秋两次向城乡居民借贷，届时随两税归还，或缴纳现钱，或按价折为粮米。青苗法的实行，在限制高利贷盘剥等方面，收到成效，朝廷也获得大量利息。

熙宁二年十一月，宋颁布实施农田水利法，又称农田利害条约或农田水利约束。此法的主要内容是，凡农田如荒闲可事垦辟，瘦瘠可变肥沃，旱地可为水田等，吏民皆得自言，由州县斟酌统一实施。行之有效者，予以奖励。农田水利原则上由受益人户按户写出工业科兴修。州县官吏于农田水利做出成绩后，量其功利大小，予以酬奖或超迁。此法实行后到熙宁九年（1076），全国共兴修水利10793处，受益民田36万多顷，公田1915顷，收到了显著的成效。

周敦颐创濂学

熙年六年（1073 年），周敦颐去世。

中国宋代理学的开山鼻祖周敦颐（1017 年—1073 年）在抨击佛、道，振兴儒学的过程中，创建了自己的理学思想体系"濂学"。

周敦颐，字茂叔，原名敦实，因避宋英宗旧讳，改名敦颐，道州营道（今湖南道县）人，历任地县官吏，曾与二程之父程珦过往甚密，广收学徒，得同王安石交流学术心得，晚年蜗居庐山莲花峰，建濂溪书堂讲学，世称濂溪先生。他的学术思想称为"濂学"。其主要著作有《太极图说》和《通书》。《太极图说》主要谈天道，《通书》主要谈人事。

周敦颐认为"太极"是宇宙的本原，人和万物都是由于阴阳二气和水火木金土五行相互作用而构成的。五行统一于阴阳，阴阳统一于太极，太极又叫无极。太极无边无际、不可言说，万物产生后，变化无穷无尽。他强调动中有静、静中有动、动静相互依存转化的

周敦颐像

辩证关系，正是由于阴阳动静可互相转化，"太极"才具有化生万物的内存能动性。由于阴阳二气的变化糅合，遂产生构成物质世界的基本要素：水、火、木、金、土"五行"。"五行"的流布推动了春夏秋冬四季的运行。而阴阳五行之气的最优秀的材料则铸造了万物中最有灵性的人。然而这一切根源于"一"，即"自无极而太极"的宇宙统一的原始实体，这样为后来程朱理学"天理生气"、"气化流行"而万物生成的理论提供了基础，为理学体系的框架结构提供了雏型设想。

在他的伦理思想中，"诚"是主要范畴。他认为"诚"是由太极派生出的阳气的体现，是至善至美的，因而以"诚"为内容的人类本性也是善的。他宣称"诚"是"五常之本，百行之源"，视封建伦理道德为人性所固有。但他又认为至善至美的人类本性，由于受到外界环境的诱惑和影响，刚柔不能相济，从而产生恶。因此他主张"静"、"无欲"的道德修养论，认为人通过学习和修养，能够避恶驱邪，恢复本性，使自己的言行不违背封建的仁义礼智，从而建立起君臣、父子、兄弟、夫妇的封建人伦关系。他的存"诚"，"无欲"的人性论和禁欲主义，对程朱理学"存天理，灭人欲"的思想产生了重要影响。

周敦颐吸收佛、道的学说，建造了一个纳自然、社会、人生为统一体系的宇宙生成模式，为进一步融合儒佛道思想开拓了道路，他的哲学思想，包括宇宙论、人性论、道德论等方面，比以前的儒家学说更加精细，更富于理论色彩。他的学说在宋元明清理学中占有举足轻重的地位，因此周敦颐的"濂学"，上承汉唐以来儒佛道学说，下启宋明理学，在中国古代思想史上起着继往开来的关键作用。

朱熹等创社仓法

社仓法是南宋救济灾民之法，由朱熹等人创制，后在全国推行。

乾道四年（1168 年），建宁府崇安县（今属福建）发生了饥荒。五月，在朱熹的请求下，建宁府贷给他常平振贷米六百石。朱熹用这些米设了社仓，登记民众户口，散给粮食作为赈济，人民因而得以渡过灾荒。后来，稍微有了些丰收，人民就自愿偿还所欠粟米。知府王淮颁令，将粮食一概留在乡里，

朱熹像

仅将户口上报官府，从此以后每年敛散，这就是社仓法的开始。丰收时，当年要加息计米偿还；歉收时，则减息大半；饥荒发生时，则不用付息。后来，积息已数倍于本，就不再收息，每石只多收米 3 升。

社仓法后来于淳熙八年（1181 年）奏行各路，规定借常平或富人的粮食，在乡里设置社仓，命富户主持，由都社首、保正和在乡士大夫协同办理，开始收息 2/10，等到利息是本钱的 10 倍时，就不再收息。

朱熹《诗集传》开新义

朱熹（1130年—1200年），字元晦，号晦庵，徽州婺源（今属江西）人，曾侨居建阳（今属福建）。南宋哲学家、教育家、文学家。曾登绍兴进士第，历官转运副使、湖南安抚使、焕章阁待制、侍讲。

朱熹写过大量讲解儒家经传的著作，成为明清两代的官方哲学，影响深远。而他的《诗集传》、《楚辞集注》及其他诗文杂著中的评论文学见解在当时也影响极大，尤其是《诗集传》，它对《诗经》的研究有新突破，开了新义。

《诗集传》、《宋史·艺文志》著录26卷，今存8卷。朱熹解诗，起初信从《诗序》，后取郑樵之说，摒弃《诗序》而就诗篇本身探索本旨。文字音义，则杂取毛、郑，间用齐、鲁、韩三家，以己意为取舍，不拘泥于训诂。

南宋《江山万里图》，赵黻画。

《诗集传》释义简洁，明白易晓，每篇都指出主题，每章都指出大意，常常有新的注解。如说《邶风·谷风》是"妇人为夫所弃，故作此诗，以叙其悲怨之情"。说《小雅·都人士》为"乱离之后，人不复见昔日都邑之盛，人物仪容之美，而作此诗以叹惜之"。这些解释，比较切近诗旨。他说《囷风》是"民俗歌谣之诗"，"赋、比、兴"是写作手法特点，突破了《诗序》和郑玄的解释。"赋者，敷陈其事而直言之者也"，"比者，以彼物比此物也"，"兴者，先言他物以引起所咏之词也"。这些解释简明扼要，至今仍被《诗经》研究者广泛引用。

但《诗集传》又常以"天理人欲"之说来解释恋爱婚姻的诗，难免曲解诗的本意。此外，它采用吴棫的"叶韵"说来解释《诗经》的用韵，也往往偏离古韵。

朱熹《诗集传》研究《诗经》开了新义。此后，研究《诗经》者多以此为宗，元明以后科举取士也以此为准，《诗集传》对后世影响深远。

朱熹讲学白鹿洞

朱熹（1130年—1200年）是宋代理学集大成者，也是南宋时期的教育家。淳熙六年（1179年），他在出任南康（今江西省星子县）地方官时，重修庐山白鹿洞书院，制订《白鹿洞书院学规》，讲学授徒，宣扬理学。朱熹创办白鹿洞书院，培养了大批人才，为"闽学"学派的形成打下了基础。他为书院教育制定的一整套教学规章制度，对当时及后世的教育产生了很大的影响。

白鹿洞书院也称白鹿洞书堂，原是唐代李渤和兄长隐居读书处，朱熹重修白鹿洞书院后自任洞主，并为书院制定条规，对书院的宗旨，为学之序以及修身、处事、接物之要作了系统的规定。他强调为学宗旨不是务记览为词章以钓名声取利禄，而是讲明义理，修己治人。朱熹严厉地批评南宋学校以

江西庐山白鹿洞书院，是理学传播的中心。

科举为直接教育目的，认为国家设立学校的最终目的在于造就贤才，改善吏治。

朱熹重视教育，在中国教育史上，他第一次把儿童教育和青年教育作为一个统一过程来考察。他把人的一生分为小学教育（15岁以前）和大学教育（15岁以后）两个阶段。小学教育的基本任务是引导少年儿童遵守道德伦理纲常，并训练他们自觉地按伦理规范行事。大学教育的基本任务是研究义理。朱熹重视读书明理对人的道德修养的作用，认为熟读"五经"是穷理的途径，大学教育始于读书，终于修身。

朱熹不仅指出小学教育与大学教育的不同宗旨，而且著书立说，为学校教育提供教科书。他根据儿童的特点，从经传史籍中广泛地采集有关伦理道德的格言、训诫、故事等，编成儿童道德教育用书《小学》，流传甚广。他还编著《童蒙须知》，对儿童日常生活各方面的活动如穿戴、出入、读书等作了详备的规定，成为培养儿童道德习惯的教材。大学教育包括了青年和成人教育，朱熹著《近思录》、《论语集注》、《孟子集注》、《大学章句》、《中庸章句》、《资治通鉴纲目》等注述引导学者读书明理，培养道德，把知识训练和道德修养结合起来。

朱熹对周秦以来的教育理论、教育实践作了系统的总结和改造，建立了完整的教育理论体系，成为封建社会占统治地位的教育学说，朱熹的一些著述，也成为封建学校的法定教科书，对封建社会的道德教育和知识分子治学态度、人格修养都产生了深远的影响。

朱熹、陆九渊会于鹅湖

淳熙二年（1175 年），南宋两位哲学家陆九渊、朱熹在江西信州（今上饶）鹅湖寺进行了一场大辩论，这就是中国哲学史上有名的"鹅湖之会"。在鹅湖之会前一年，陆九渊已形成了自己的"心学"观点，与理学代表朱熹的观点相矛盾，而鹅湖之会，是朱、陆两派论争的开始。

孝宗淳熙二年四月，吕祖谦自浙江金华到达福建同朱熹一起商讨学问。其时朱熹思想体系与学术规模已大体确立，对陆九渊的学术虽了解不多，但已断定它为"禅学"。而陆九渊的"心学"由江西扩大到两浙，其影响十分引人注目，并且一开始就以朱学为"支离"，提倡"发明本心"的"易简"功夫。作为朱、陆朋友的吕祖谦"虑朱与陆犹有异同，欲会归于一而定其适从"，于是出面约请朱熹和陆九龄、陆九渊兄弟在信州（今江西上饶市）鹅湖寺举行一次会晤。

大约在五月二十八、二十九日，朱熹、吕祖谦及一行师友弟子到达鹅湖，陆氏兄弟随同一班弟子也一起抵达。这是朱、陆的首次会面。朱陆之会在当时的学术界就被视为一场盛事。鹅湖会一开始就产生了争端。陆九龄拿出头天作好的一首诗与朱熹开始辩论，而陆九渊则插上来吟咏和诗，说："墟墓兴衰宗庙钦，斯人千古不磨心。……易简功夫终久大，支离事业竟浮沉。……欲知自下升高处，真伪先须辩只今。"对朱熹展开攻击。第一天的辩论也就暂告休会。在第一天中，朱熹与陆九渊的矛盾就已经全部摆出来了。陆氏兄弟的诗从"道在吾心"出发主张"发明本心"的"易简功夫"，而反对朱熹的"格物致知"、"读书穷理"，表明了理学与心学的两个基本矛盾：一、性即理，理散见于事事物物中；心即理。二、即物穷理；发明本心。第二天，两人主要就诗中提出的矛盾展开论辩。此外还就一些具体的经学、理学问题进行切磋，很多方面达成了一致。但上述根本矛盾并没有解决。这以后，鹅湖论辩讲学在比较和缓的气氛中进行到六月八日，朱、吕、陆才分手各自回去。

约十天的鹅湖之会在根本方法上并没有达到"会归于一"的预期目的，反而使"理学"与"心学"从本体论到方法论上的差异大为彰显，不过这促进了双方的相互了解，双方都表示要考虑对方观点，克服一己之偏。但是在鹅湖会后，虽然在"尊德性"和"道问学"这两方面互相靠近，但在平素讲学活动中，论起根本方法，仍是驳斥对方的偏颇，"理学"与"心学"的鸿沟毕竟还是没有填平。朱陆的分歧是儒学内部的分歧。这种争论对"理学"和"心学"的各自发展均有很大的促进作用，对明清的思想家于"理学"、"心学"的批判、吸收、改造都有很大的启发作用。

朱熹去世

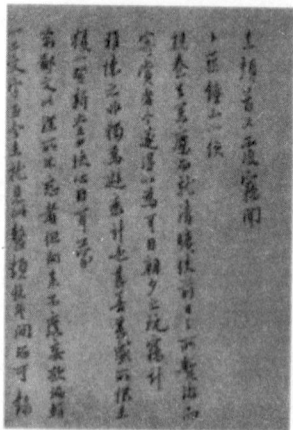

朱熹《卜筑帖》书法作品

宋庆元六年（1200 年）三月九日，理学大师朱熹卒于福建建阳考亭家中，终年 70 岁。朱熹（1130 年—1200 年），字元晦，号晦庵、紫阳，徽州婺源（今属江西）人，居建阳（今属福灵）。绍兴十八年（1148 年）进士，在其一生中政治权位并不显达。然而他一生以著述讲学为主，学生众多，又广注典籍，对经史、文学、乐律乃至自然科学都有贡献。主要著作有《四书章句集注》、《伊洛渊源录》、《名臣言行录》、《资治通鉴纲目》、《楚辞集注》、《诗集传》、《周易本义》及后人编纂的《朱子语类》、《朱文公集》等。他建立了完整的体系，世称程朱理学，是中国封建社会后期影响最大的思想家，其学说在明清被官方奉为儒学正宗。但是在朱熹生前，其学说被称为伪学，士人不敢谈儒，葬前，右正言施康年上书要求朝廷予以禁止，得到认可。于是门生故旧不敢前往，参加葬礼的人仅有李燔等数人。朱熹死后，被追谥"文"，其学说和著作得到理宗赵昀的推崇。从此，他的学说成为理学的正统，成为官方哲学，对后世产生了巨大而深远的影响。

叶适去世

嘉定十六年（1223年），宋代著名学者、永嘉学派的集大成者叶适去世，终年74岁。

叶适字正则，温州永嘉人。淳熙五年（1178年）他考中进士第二名。从此一直为官。在政治上，叶适是主战派，他主张积极防御，反对冒险进攻；经济上，他主张理财，反对聚敛。开禧北伐失败，韩侂胄被诛杀，叶适也获罪被罢去官职。从此一直闭门谢客，著书讲学而终。

叶适的学术思想是，主张务实，提倡功利，反对单纯的坐而论道、空谈性命。他认为，如果没有功利，道义等等都是没用的空话。他在《习学记言序目》等著作中，对传统的哲学进行了比较全面的反思。他认为构成自然界主要形态是以"五行""八卦"为标志的各种物质，而"仁""义"也必须在功利中表现出来。叶适晚年居住在永嘉城外的水心村，潜心著述，因而被称为水心先生。他的著作有《水心文集》《习学记言》等，他的学说被称为"永嘉学派"，充满了唯心主义成分和批判精神，在儒学发展史上有着特殊的地位和影响。

丘处机西行

南宋缂丝蟠桃花卉图，寓祝长寿。

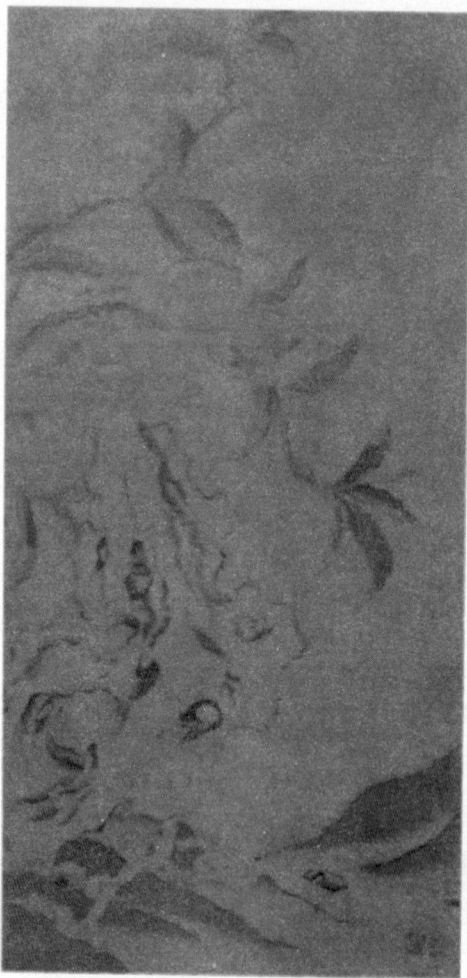

元太祖十四年（1219 年），成吉思汗在西征途中，派遣侍臣刘仲禄带着虎头金牌，去登州（今山东掖县）邀请全真道人丘处机讲长生之道。丘处机于元太祖十六年（1211 年）春，率领 18 名弟子启程，先到达燕京（今北京），后又取道宣德漠北，一路西进，在太祖十六年十一月时抵达撒马耳干（今乌兹别克撒马尔罕）。太祖十七年四月，丘处机终于在大雪山（今兴都库什山）谒见了成吉思汗。

丘处机字通密，山东栖霞人，19 岁开始学道，拜全真教道人王喆为师。王喆给他起道号长春子，丘处机后来和王喆的其他弟子郝大通、王处一等人被合称为"七真"。王喆死后，丘处机先后在石番溪（今陕西宝鸡东南）和陇州（今陕西陇县）等地隐居，他结交士人，广收门徒。金世宗完颜亮曾召他到中都讲道。金末乱世，他隐居在家乡的栖霞山中，收徒传教，金宋两朝都派人前来征召他做官，均遭拒绝。

丘处机晋见成吉思汗后，成吉思汗问他有什么长生药，丘处机回答说，世上只有养生之道，而没有什么长生不死的灵丹妙药。成吉思汗对他的诚实大为赞赏，命令在自己的御帐东边给丘处机建帐居住，留他住了六个月。在后来的交谈中，丘处机除了向成吉思汗介绍各种养生之道外，还特别针对蒙古军队的屠杀掠夺，一再讲述他的政治观点，建议成吉思汗清心寡欲养生，敬天爱民治国，选举贤才，施行仁政，这样才能使国家长治久安。成吉思汗对丘处机的忠顺和建议大为欣赏，命令翻译把他的话记录下来，传给子孙后代，并且尊称丘处机"神仙"。丘处机返回时，成吉思汗任命他管理全国道士，并且对丘处机的门人说，如里他们每天给皇帝祝寿诵经，今后免除一切差役赋税。

丘处机雪山之行后，全真道开始转入全盛，在北方中原势力超过了所有的宗教，显赫一时。丘处机本人东归后，在元太祖二十二年（1227年）病死在燕京太极宫。

元代理学家许衡上《时务五条》

忽必烈即位前，许衡就在北方讲授程朱理学，很有名气。忽必烈称帝以后，经常听到朝中文臣称誉许衡的才学，就多次下诏召许衡入朝。

至元二年（1265年），忽必烈召许衡到京师。许衡奉命人中书省议事，辅佐右丞相安童。至元三年九月，忽必烈召许衡到上都访问政事，许衡献上《时务五条》，按照儒家的政治伦理观念，从五个方面阐述了自己对当时一些重大问题的看法：第一，认为"考之前代，北方的有中夏者，必行汉法乃可长久"，鼓励忽必烈继续推行汉法；第二，中书省的任务，关键是做好用人、立法的工作；第三，认为为君之道，在于修德、用贤、爱民；第四，认为一个贤明的君主，应当注重农桑，将"优重农民，勿扰勿害"作为自己的责任，希望从都邑到州县，都设置学校；第五，认为"民志定则天下安定"。忽必烈对许衡的上述观点深表赞许。

至元四年，许衡告病还乡，不久复召入朝，七年（1270年）授中书左丞。后因弹劾阿合马专权贪刻，不为忽必烈接受，请求解职。八年，改授集贤大学士兼国子监祭酒。从政失意的许衡从此致力于教学，被元代人推崇为朱熹道统的继承者。

黄震修正程朱理学

宋元之际的黄震（1213年—1280）年，字东发，浙江慈溪人。黄震是学者辅广的三传弟子，少年时家庭清贫，"亲首种田"，后又"授书糊口"，曾以"浙间贫士人"自称。宋理宗宝佑四年（1256年），黄震中进士，历任地方官职。他关心国事，敢于陈言时弊，曾针对"宫中建内道场"之事，建议朝廷"罢给僧、道度牒，使其徒老死即消弭之，收其田入，可以富军国、舒民力"《续资治通鉴》卷一七八），因而被"批降三级"，此后一直未受重用。1276年，南宋覆亡，黄震即隐居宝幢山，"誓不入城市"，"饿于宝幢而卒"（《宋元学案·东发学案》）。

黄震一生不盲目信从朱熹，他具有批评和修正程朱理学的思想和风格，是朱熹后学中具有独立思考的知名学者。黄震留下的主要著作有《黄氏日抄》、《古今纪要》、《古今纪要逸编》等。

在继承朱熹"天理论"的同时，黄震对朱熹关于"道"（"理"）的观点作了某些修正。他坚持"道"在事中的观点，否定"道"在天地人事之外的观点。他从"道"在事中的观点出发，表彰孔子把"为国之事"视为"行道救世"的具体表现。

黄震在继承程、朱"性即理"的观点的同时，同样认为"性"是人与物所禀赋的"天理"，对程、朱"性"论进行修正。他十分称道孔子的人性学说，指出只有孔子的"性相近"说是最"平实"的人性学说，认为它超过后来相继出现的人生学说，不仅包含"气质之性"，而且也包含了"天地之性"。他反对奢谈人性，竭力反对宋儒奢谈虚远玄妙的"性"与"天道"问题，而主张多探讨些有关"治国平天下"的实事。

在继承程、朱认识论和修养论的基础上，黄震对此也进行了修正。他不赞成程、朱的所谓圣人"生知"说，强调"圣人"与普通人一样，都是要学而知之。他认为后天的读书学习对人的知识成长具有决定作用。

他还反对陆九渊的"用心于内"的"心学"，认为是"近世禅学之说"。他虽然赞同程、朱的"主敬"说，但反对二程的"静坐"主张。

此外，黄震对理学"道统"论也有所怀疑与批抨：

其一，他对理学家们津津乐道的以"道心"、"人心"为内容的所谓"人心惟危，道心惟微，惟精惟一，允执厥中"的"十六字心传"表示怀疑。他认为"圣贤之学"，"人人所同，历千载、越宇宙有不期而同，何传之云！"

其二，他认为，所谓"道统"之"传"，只不过是"前后相承之名"，没有什么神秘性。

其三，他认为"道经"之"道"，是指圣人的"治道"。所谓以"道"相传，就是"以明中国圣人皆以此道而为治也"。

其四，他反对那种把"道统"之"传"说成是"若有一物亲相授受"的观点，认为它是因袭了佛教传授衣钵的说法。

总的说来，黄震的学术思想虽仍属于程朱理学的范畴，但他对其的某些修正却具有一定的思想价值。

许衡入仕

许衡（1209年—1281年），字平仲，金代河内（今河南沁阳）人，著名理学家，学者称他为鲁斋先生。他随姚枢学习程朱理论，抄录了《伊川易传》和朱熹的《四书集注》、《小学》、《或问》等书。由于他在理学方面的成就，元朝建立后，即被重用，并被任命为集贤殿大学士兼国子祭酒，用儒学六艺教蒙古子弟学习汉语，不仅促进了元王朝推行"汉法"，而且对汉蒙两种文化交融作出了积极的贡献。

许衡在理学方面的成就对维护元朝的统治起了不可低估的作用。许衡的侧重封建伦理道德的理学正是受元代统治者重视的根本原因。

许衡继承了朱熹"天即理也"的思想，以"理"为最高本体。他和朱熹一样，认为"太极"与"理"是绝对本体，认为"天下皆有对，惟一理无对，便是太极也"。但他又提出"太极"之先，还有"道"，而把"道"置于"太极"之上，这就出现了自相矛盾。

许衡之所以在"理"本论中出现矛盾现象，是和他本人对自然科学的丰富知识有关，这也正是他在运用气化观点阐述天地万物生成变化中，具有朴素唯物论的思想倾向之原因所在。所以许衡在继承朱熹学说时，仍无法将朱熹的"理"本论与气化观点相矛盾的问题予以解决。

许衡为了突出内省正心的重要，片面强调性是天所命也，是天理之赋于人者，他说："仁义礼智信是明德，人皆有之，是本然之性，求之在我者也，理一是也。"这样说来，性就不是客观天理的体现，而是人心所固有的形而上之中。也就是说，天理即在人心之中。这就为他的直悟本心、"反求诸心"的观点奠定了理论基础。

　　既然天理在心中，心可以主宰万物，因而许衡不仅把"正心"看作是修养的根本，而且还看作是治国平天下的根本。许衡的"正心"内涵，实际上就是以封建的伦理纲常为准则，要把人的一切思想和行为，都变"正"到"天理"上来，消除引起"心不正"的"人欲"。"存天理，灭人欲"的主张强化了理学中的禁欲主义色彩。

　　在为学方法和修养工夫方面，许衡强调"必以心为主"，也就是说，为学和修养应以内心工夫为主；在"道问学"与"尊德性"问题上，他主张二者不可缺一，但必须以"尊德性"为主。并提倡道德践履之学，他从心性本原出发，进而提倡道德践履，然后又把朱熹的知行学说进一步道德伦理化，强调"父子之亲、君臣之义与夫妇长幼朋友，亦莫不各有当然之别，此天伦也。苟无学问以明之，则违远人道，与禽兽殆无少异"。也就是说，学问之道，就在于明人伦和行人伦而已。由此可以看出，许衡的理学内容，侧重于道德伦理，意图普及封建的道德教化。

邓牧论君道

　　邓牧（1247年—1306年），字牧心，浙江钱塘（今杭州）人，出生于破落的知识分子家庭。南宋末年社会大动荡使他的思想产生了深刻变化。南宋灭亡后，他"抗节遁迹"，拒绝与元朝合作，至死隐居不仕。著有《伯牙琴》传世。

　　《伯牙琴》之命名，就是借用古代钟子期为俞伯牙知音的典故，希望世上再出现一个能懂得自己"琴声"的钟子期。该书极少直接论及时事，但在谈论山水、叙述寓言以及一般性的言论中包含着对现实政治的深刻批判，尤其是对秦汉以来的君主专制制度的尖锐批判。在《伯牙琴·君道》一文中，他对封建国家的最高政治代表——君主进行了分析。他说，尧舜等上古时代的君主，只为大家服务，并不享有特权，因此当时不以君位为贵，往往互相推让。后世的君主则"竭天下之财以自奉"，凡是能用来"固位而尊养者"，并且"惴惴然若匹夫怀一金"，生怕别人抢占。君位于是成了人们觊觎、追逐的目标。他以此暗示：君主是封建国家中最大的剥削者，君主专制制度是造成社会动荡的根本原因。此外，邓牧还在《吏道》篇中对封建国家大小官吏的巧取豪夺进行尖锐的抨击，对下层百姓造反行为深表同情，认为凡是老百姓造反，必有其不得已的原因。从这些对现实政治的批判论点来看，邓牧可称得上是宋元之际具有民主性、反封建性的一位杰出思想家。

理学家刘因去世

至元三十年（1293年），元代理学家刘因去世。

刘因（1249年—1293年），字梦吉，号静修，雄州容城（今属河北）人。其父、祖本是金朝人，因此，他自视为亡金的遗血，毕生不肯仕元，在思想感情上与元蒙格格不入，隐居山野，超然物外。

刘因与许衡、吴澄被称为元代三大理学家。亦工诗擅画。著有《四书集义精要》、《静修集》。刘因对理学的态度以朱学为宗而杂糅陆学，基本观点完全继承宋代理学，无多少创造。刘因反对丢弃传注疏释而空论，强调反求六经，以六经为根本，在一定程度上看到了宋代理学凭空臆断、自圆其说的疏漏与弊端。

理学家吴澄"和会朱陆"

吴澄（1249年—1333年），字幼清，号草庐，抚州崇仁（今江西崇仁）人，后大半生是在元代度过的，当过为时不长的国子监司业。国史院编修、制诏、集贤直学士，大部分时间在乡间钻研理学，与许衡齐名，有"南吴北许"之称。

吴澄初从饶鲁弟子程若庸，为宋熹的四传弟子（朱熹——黄干——饶鲁——程若庸——吴澄），后师事程绍

吴澄像

开。在经学方面，吴澄以接续朱熹为己任，晚年写成《五经纂言》，可以说是完成了朱熹的未尽之业。在理学方面，吴澄对朱熹和陆九渊都很尊崇，反对朱、陆两家"各立标榜"，而是把两家学说会同于一，既持之以"格物"，又持之以"本心"，认为"本心之发见"之知，与向外推物应事的"执著"的行，两者统一于心。这实质上与明代王阳明的"知行合一"一脉相承，至少透露出明代王学的消息，在宋代陆学与明代王学之间起到一种前后承接的作用。

刘基作《郁离子》

刘基（1311 年—1375 年），元末明初文学家、政治家，字伯温，青田（今属浙江）人。

《郁离子》是刘基于元末隐居时所写的一部具有独特风格的寓言体散文集，共 18 章，195 节，章有题，节无题。通过生动活泼的寓言故事和发人深思的议论，表明其对社会政治问题的看法。他的用意是向统治集团讽谏，以实现封建制度长治久安。有感而发，引古证今，在讽谏中，也揭露了当朝者昏庸腐败、自私贪婪。如"晋灵公好狗"、"灵丘之丈人善养蜂"、"卫懿公好禽"等节，描写都很精彩，揭露的问题都很深刻，特别是"有养狙以为生者"一节，写"狙公"命令众猴子为自己采摘草木果实，众猴开始任劳任怨，后来忽然醒悟过来，打破栅栏逃归森林，不复回来。通过这则故事，反映了在

刘基作《春兴诗八首》

统治者的高压剥削下，劳动人民必定要起而造反的道理，讲理生动而深刻。此外，《卖柑者言》也是其传诵极广的散文，文章借卖柑者的话，"世之为欺者不寡矣，而独我也乎？……今夫佩虎符坐皋比者，……果能授孙吴之略耶？峨大冠，拖长绅者……果能建伊皋之业耶？"深刻揭露了元末统治阶级"金玉其表，败絮其中"的腐朽本质。文章以形象化的方法说理，比喻生动，犀利泼辣，引人深思。

除散文外，刘基的文章成就还表现在诗歌方面，他的诗歌风格多样，雄浑、婉约、奇崛、天然兼容并包，卓然成家。其中又以乐府、古体诗为代表，反映的都是当时社会上很明显的不公现象，尤其是社会的动乱和人民的疾苦。农民在连年战祸之下的悲惨现状，在他的诗中得到很大的反映，"平民避乱入山谷，编篷作屋无环堵"。在战争年代，官府兵吏不仅不为民解忧，反而还增添祸乱，"盗贼官军齐劫掠，去住无所容其身。"甚至他还讽刺封建朝廷当权者在战火纷飞的年代，依然沉迷于声色享受，"浪动江淮战血红"，"新向湖州召画工"，在他所有的诗篇中，基本上都贯穿着一个同情弱者、鞭挞统治当局的中心思想，具有强烈的现实意义。

刘基的诗作，收集在《郁离子》5卷、《覆瓿集》20卷、《写情集》4卷、《梨眉公集》5卷、《春秋明经》4卷中，后汇编成《诚意伯文集》20卷，现通行本为四部丛刊本《诚意伯刘文成公文集》20卷。

明代开国功臣刘基病卒

刘基像

明洪武八年（1375年）四月，著名文学家、政治家刘基去世，享年64岁。

刘基（1311年—1375年），字伯温，青田（今浙江）人，元至顺二年（1331年）考中进士，历任江西高安县丞、江浙儒学副提举、浙东元帅府都事等职。后辞官归乡，专心著书立说。朱元璋攻占浙东后，刘基应召到了南京。他向朱元璋陈述时务十八策及灭元方略，劝朱元璋脱离小明王自立，深受朱元璋的赏识。此后，他辅佐朱元璋灭陈友谅、张士诚，北伐中原，南平诸郡，立下赫赫战功，为明朝开国元勋之一。明朝建立后，刘基先后担任太史令、御史中丞兼太史令。他主张把休养生息、加强武备视为立国的两大根本，曾参与朝廷多项重大决策。洪武三年，刘基被封为诚意伯。后因左丞相胡惟庸诬陷，被遣还乡。洪武八年，忧愤而死（一说被胡惟庸毒死）。

刘基博读经史，精通兵法韬略、天文地理，能书善文，著有《郁离子》、《写情集》、《春秋明经》等传世之作，后人将它们汇刻为《诚意伯文集》。

方孝孺维护朱学

方孝孺（1357年—1402年），字希直，又字希古，号逊志，人称正学先生。明代浙江宁海人，宋濂得意弟子。初为太祖子蜀王世子师傅，后任惠帝时翰林院学士、侍读学士，建文四年（1402年）六月，方孝孺拒不受诏，且揭露朱棣篡位，被朱棣夷九族。著作多散佚，后人仅辑《逊志斋集》24卷。

方孝孺与其师宋濂思想倾向不同，维护朱学，反对心学空谈，并抨击佛教"异说"。针对当时学术界偏重道德修养，多空谈性命而不"务实"的不良风气，指责某些儒士只知修身而昧于治事，他说："谈性命则或入元密（玄秘）而不能措之行事，攻文辞或离于实德而滞于记问，扣之以辅世治民之术，则冥昧而莫知所为"（《逊志斋》卷九）。所以，他强调君子学道，当有"经世宰物"之心，切不可修身而忘世，而要修、齐、治、平一以贯之。因而他说："知之致其明，行之致其笃，用于世则使……九州四海老癃单弱之民得其欲。"（《逊志斋》卷十六》）

方孝孺维护而且尊崇朱

方孝孺像

学，反对心学派"弃书语，绝念虑，锢其耳目而不任，而侥幸于一旦之悟"（卷十四）的注重心悟的做法，主张"博文约礼"，"格物致知"。并认为心学派那套注重"心悟"的"一旦之悟"的做法，完全是受佛教"异说"的愚弄而不知其害的结果。方孝孺维护儒学正统，抨击佛教学说，指出佛教"异说"的危害性。他认为如果此"异说"，"用之修身则德瘝，用之治家则乱伦，用之于国于天下则毒平生民，是犹稊稗之农也、学之蠹者也"（卷十七），不过，亦可见其抨击佛教"异说"，也是从维护封建伦理纲常为出发点的。此外，他还用"气既尽而死，死则不复有知"（卷一）的观点，批驳佛教"重生于世"、"生死轮回"的迷信思想。

方孝孺维护尊崇朱学，被刘家周在《师说》中称赞为"程朱复出"、"千秋正学"。可见其对维护朱学所作的努力极多。

薛瑄创河东之学

薛瑄像

薛瑄（1389年—1464年），字德温，号敬轩，山西河津人，官至大理寺少卿、礼部右侍郎、翰林学士。明初继曹端而起的朱学学者，朱学的主要代表人物。他与弟子阎禹锡、白良辅、张鼎和私淑弟子段坚等，创立以"复性为宗"，强调日用人伦，提倡笃行践履的"河东派"。门徒遍及晋、豫、关、陇一带，影响颇大。著作有《读书录》和《读书续录》以及后人编辑的《薛文清公全集》。

薛瑄在曹端理气一体的基础上提出"理不离气","理气无缝隙"和"理只在气中，决不可分先后"的观点。修正了朱熹"理在气先"的说法。他认为强调理在气中，理气"无缝隙"的密不可分的关系，才能避免理气脱节，使理不至于成为"气之外悬空"之物，从而使人懂得"即理而气在其中，即物而理无不在"（《续录》11卷）的道理，明白由下学而上达的求道功夫。薛瑄修正朱熹"理先气后"说，是为了修补朱学不足，更好维护朱学"理为主，气为客。客有往来，皆主之所为"（《续录》3卷）的理本气末、理体气用的观点。

　　薛瑄在认识论上具有一定的唯物主义倾向，有一定积极意义，他继承了朱熹的格物穷理说，把即物穷理、向外求知看作是认识的途径。他把对自然规律的认识和道德践履的认识包括在穷理内，要求在逐事逐物的穷理中，最后抽象出事物一般原则。他还认为认识需要靠日积月累的，而且要有不满足于已知的知识，坚持奋进的精神。与他的格物穷理说相关的是他的知行观。他克服朱熹的"知先行后"说与"知行相须"的矛盾。强调没有知的行是盲目的，没有行的知是无用的知，所以提出"知行贵乎兼尽"（《续录》3卷）的观点，把知和行有机联系在一起。但薛瑄在认识论和知行观上仍未摆脱理学的束缚，认识论仍是偏重道德修养的心性论，知行观仍是强调道德的践行。

　　薛瑄还从本体论的高度提出"知性复兴"说，他认为性是天地万物和人所共有的本质，又是伦理纲常的核心。性是天所赋予人之理，人受之，就具有天道、天理的意义。他进一步指出仁义礼智等封建伦理道德即是性，将其赋予本体论的意义，从而将封建伦理道德普遍化、绝对化，把伦理纲常作为人必须遵守的最高原则。他认为性有已发、未发之分，道德修养的功夫，就要革除即将萌发的不善意念。而要做到这一点就要"知性"。要人们养成遵循和恪守封建道德的自觉性。要人们日读圣贤经传，在人伦日用中自觉地按封建伦理道德规范恭行践履。

　　总之，薛瑄的"河东派"学说实际上就是要以封建伦理道德规范来约束人们的思想和言行，体现了程朱理学对明初思想统治的强化。并传至明中期，形成了吕柟为主的"关中之学"。

理学家吴与弼和"崇仁之学"

吴与弼（1391年—1469年），字子傅，号康斋，抚州崇仁（今江西省）人，除晚年受知朝廷，辅导太子读两月书外，皆居家讲学，是明初的朱学代表人物，与山西河津人薛瑄号称南北大儒。有众多的弟子，如娄谅、胡居仁、陈献章等，形成"崇仁之学"。著述不多，有日常学之所得的《日录》一卷，以及后人汇集其他诗文编成的《康斋文集》。

吴与弼的理学，主要讲道德修养，认为"圣贤教人，必先格物致知以明其心，诚意正心修其身，修身以及家、而国而天下不难矣"（《文集》10卷），修养方法上强调修养是一个长期持续不断的艰苦过程，要求读书循序熟读。此外，他还要求践行，在艰难的条件下进行磨炼，即所谓"践履功夫，从至难至危处试验过，方始无往不利"（《文集》6卷）。

吴与弼像

在道德修养上，吴与弼还提出"敬义夹持，实洗心之要法"（《文集》10卷）的观点。认为通过敬内功夫和读书穷理的集义功夫，加以"浣洗"，即可便具有"知觉"的神秘之心"莹澈昭融"而达天理。但同时他又认为，心虽明镜般，但由于气禀之拘，物欲之蔽，而把它染上物欲、邪思的尘埃，因此要通过"敬义夹持"的功夫来洗掉这些尘埃。他的这些观点明显受了佛教禅宗"拂拭"明镜的说法影响。

他还强调为学和日常行事都要时刻警惕有"非分"的欲望和意念的萌生，处处要遵循封建伦理纲常的"天理"。这种理论认为君子和学圣贤者进行的道德修养就要做到"存天理，去人欲"的境界。

在道德修养论上，他还更重视"主静"的涵养功夫。提倡"静坐"、"夜思"的冥语。认为"思到此心收敛处，聪明睿智自然生"（《文集》6卷），进而明确提出"心学"的方法。认为心学之要，就在于存心以"涵养本源"。吴与弼的"崇仁之学"，仍脱不了朱学范围，他的"存天理，去人欲"的理论信条，束缚了人们身心和思想的发展，增强了蒙昧主义的浓度，从而维系了封建专制主义的统治。但他的朱学杂入了陆九渊的心学思想，在由朱学转变为王阳明的心学的演变过程中有相当重要的作用和地位，对明代心学的产生具有一定的作用和影响。

楼阁人物金簪。用极细的金丝编成两层楼阁和执物侍妇女，显示了高超的工艺水平。

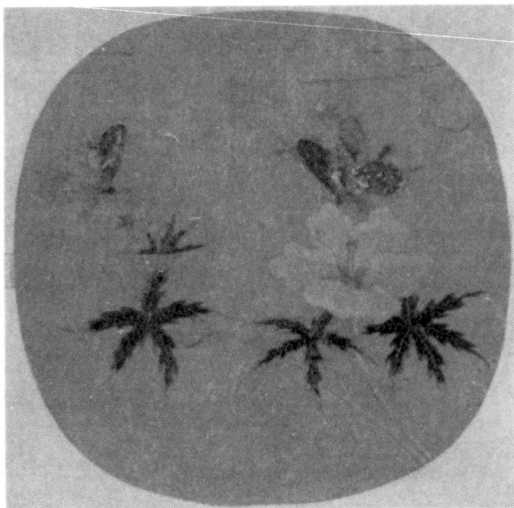

明刺绣《秋葵蛱蝶图》

王守仁镇压农民起义

正德十二年（1517年）正月，王守仁抵赣州，行十字牌法，镇压大帽山民军。

明廷因江西、福建民军驰骋在江西、福建、湖广、广东交界处，攻南康、赣州，杀赣县主簿吴仳，故在去年八月，命王守仁为右佥都御史巡抚南赣，他于1517年正月抵赣州，次月到任。

王守仁到任以后，以陈金调集士兵多肆虐乡里，且糜费逾万，即檄四省兵备官选募民兵操练。

王守仁先会兵围剿福建大帽山，督副使杨璋等破长富村，进逼象湖山，指挥覃桓、县丞纪镛被民军杀死。守仁亲率锐卒屯上杭，假装退兵，后出其不意连破40余寨。

朝廷加守仁提督军务衔，守仁即更兵制，以25人为伍，伍有小甲；2伍为队，队设总甲；4队为哨，设哨长，协哨2员；2哨为营，设营长，参谋2员，3营为阵，设偏将；2阵为军，设副将，临事委任，以责权奖惩。

本年七月，守仁进兵大庾，败谢志山。十月讨横水、左溪，擒谢志山、蓝天凤等。翌年正月，又平浰头池大宾。到十二月，江西、福建等处的民军在王守仁的围剿下，全部被讨平。

王守仁《七律·寿诗》（书于1516年）

王守仁去世

嘉靖七年（1528年）十一月，明代理学家王守仁去世，享年57岁。

王守仁（1472年—1528年），名云，字伯安，浙江余姚人。因曾经在阳明洞讲学，学者称他为阳明先生。弘治十二年（1499年），他考中进士，历任刑部和兵部主事、龙场驿丞、南京太仆少卿、巡抚南赣右金都御史等职，先后镇压了福建、江西等地农民起义。正德十四年因平定宁王朱宸濠的叛乱有功，被封为新建伯，为明代文臣用兵制胜之首。1527年，他又以左都御史的身份总督两广军务，镇压广西瑶民起义。后因疾病缠

王守仁像

身，请求辞官，并举荐郧阳巡抚林富自接位。他没有等朝廷的命令下来便启程返乡，在途中去世，谥号文成。

王守仁天资聪颖，18岁即拜访程朱派学者娄谅，讨论朱熹的格物和圣人可学而至的思想。后端坐家中，潜心学问。他是我国唯心主义集大成者，创立了主观唯心哲学论哲学体系，继承发展了陆九渊"心即理也"的学说，提倡人人致良知和知行合一，形成理学中的"王学"，弟子遍及天下。他的思想的发展和传播，对明中叶后的思想界有深刻影响。著有《王文成公全书》共

38卷和《传习录》传世。王守仁曾自诩平生做了两件事：一是破山中贼，即镇压农民起义；二是破心中贼，即心学的广泛传播。这也许是对他最好的总结。

王守仁《五言诗》（书于1527年）

理学名臣湛若水致仕

嘉靖十九年（1540年）五月，理学臣子湛若水致仕。

湛若水（1466年—1560年），字元明，号甘泉，增城人。弘治五年（1492年）举于乡，师事新会陈献章。后入南京国子监，举弘治十八年（1505年）进士，授任翰林院编修。时王守仁在吏部讲学，若水与之相应和。

嘉靖初，历任南京国子监祭酒、礼部侍郎、南京吏、礼、兵三部尚书。在任期间作《心性图说》，仿《大学衍义补》作《格物通》，定丧葬

湛若水像

之制，频行天下。本月致仕。若水与守仁各立宗旨，前者以随处体验天理为宗，后者以致良知为宗旨。守仁言若水之学为求之于外，若水亦言守仁格物之说不可信者有四。自谓"阳明（王守仁）与吾言心不同。阳明所谓心，指方寸而言。吾之所谓心者，体万物而不遗者也"。一时学者遂分"王湛之学"，是为明代理学两大宗。

嘉靖三十九年（1560年）四月去世，享年95岁。谥文简。著有《二体经传测》、《春秋正体》、《古乐经传》、《格物通》、《心性图说》、《杨子折衷》、《遵道录》、《甘泉新论》、《白沙诗教解注》、《甘泉集》等。

王廷相提倡元气论

　　王廷相（1474 年—1544 年），宁子衡，又号浚川，号平压，河南仪封（今河南兰考）人。弘治十五年（1502 年）进士。历任兵部给事中、山东布政使、副都御史、南部兵部尚书等职。王廷相具有强烈的经实思想，主张务实，坚持气本论，反对理学的理本论，他的知行兼举强调笃行的认识论和无神论思想，对此后的进步思想家和学者产生了积极影响。

　　王廷相继承了张载的气本论，认为元气之上无物、无道、无理和理在气中，与理学的天地之光只有此理的理本论根本对立。王廷相认为元气是宇宙的根本，元气造就了天地万物。元气的运行即为元神，包含阴阳，而阴阳二者的撞击运动，产生了日月星辰，从而产生金石草木，由此而产生了人类。他指出元气之外没有其他的主宰，否定道本论。王廷相认为气是实有之物，气产生了理，理在气中。王廷相反对把气用虚空解释，同时指出太极或太虚并非虚空，而是天地尚未形成元气的混沌状态。他认为程朱不言气而言理，是舍形而取影，陷入老庄的虚无。他还把道概括为气的规律，批评理学的道能生气说。王廷相进一步指出，元气是永恒存在而无始无终的。他认为雨水由气所化，火烧后又复归于气，宇宙万物皆由元气变化而来，称为常，即普遍性。从个别看，事物各异，则为不常，即特殊性，二者是统一的。他把气的常与不常的观点用到理的变与不变上，去解释历史的发展，指出应因时而动，因势而变，反对理学所提倡的"道一而不变"的观点。

　　王廷相建立了重视见闻、知行兼举和强调笃行的认识论。认为见闻能使人广博，进而找出事物的内在规律，由感性上升到理性的高度。认为只有知行兼举的人，才能向自由王国迈进。强调笃行的重要，认为只有通过力行才能获得真知。他把获得真知过程归结为讲——行——知，即讲得一事行一事，行得一事知一事，就达到了真知。他否定程朱理学的徒然泛泛而谈，也反对陆王心学的虚静守心态度。指出只有行，只有通过实践，才能出真知，这是王廷相在认识论上的光辉贡献。

王廷相从元气本体论出发，继承刘禹锡的天人交相胜，反对天人感应说，他指出天与人都是元气所化之物，天人是相分的，各司其职，故天有胜人之时，但人亦有胜天之时，并且日月之食可以根据历法推算得来，与明主或昏君并无关系，尧时有洪水，孙皓昏暴却有祥瑞。他认为国家的兴衰、人事的好坏关键在于人本身的努力，摒弃虚妄的天人感应说。

王廷相还继承了范缜的神灭论思想，提出无形气则神灭的无神论观念，反对鬼神、风水、占卜等迷信。

王廷相博学多才，著述丰富，他的学术思想独树一帜，对后世影响深远。

李贽的"异端"思想

明朝中叶，在中国封建社会内部，已经孕育着资本主义的萌芽，新的经济因素的出现，必然会引起社会意识形态的转变，传统的纲常伦理，思维模式和价值观念受到了全面而又猛烈的冲击。作为应时而生的杰出思想家，李贽的思想因对封建社会意识形态的诸多方面都极富战斗性，故在当时被斥为异端。

李贽原姓林，名载贽，嘉靖三十一年（1552年）中举后改李姓，号卓吾，又号宏甫，别号温陵居士，福建晋江人，祖籍河南，世代为巨商，到李贽出世时，其家势已经基本上衰落了。幼年，李贽随父读书，性格倔强，略读四书五经，声称不信儒道佛，尤其厌恶道学先生。26岁中举，嘉靖三十五年（1556年）任河南共城（今河南辉县）教谕，在此期间，两个女儿相继因饥荒而病死。后任南京国子监博士和北京国子监博士，补礼部

李贽塑像

司务和南京刑部员外郎，中间数次丁忧还乡处理丧事。万历五年（1577 年）任云南姚安知府，任期满后即结束了仕途生涯，潜心著述。纵观其 20 多年宦游生涯，所任职务均属清贫，且处处与上司抵触，深感受人管束之苦，并因思想冲突曾与耿定向展开过长达一二十年的辩论，其耿直和倔强由此可见一斑。辞官以后，李贽携妻女依附湖北黄安耿定理三年，再移居麻城龙潭湖上的芝佛院，曾一度剃度。在这段时间里，他潜心读书，讲学，著述，完成了其著作的绝大部分，后来又辗转迁徙于山西沁水、大同和北京等地，生活极不稳定。

李贽的主要著作有《藏书》、《续藏书》、《焚书》、《续焚书》，由于其中对封建社会意识形态表现出尖锐而激烈的抨击，曾几经毁版焚禁，直到清朝乾隆年间仍被列在禁毁之列。然而，他在麻城讲学 18 年，师从他的人数以万计，因而，其学说和思想在民间广为流传，影响很大。

自幼颖异的李贽博览群书，纵贯百家，其思想上承王艮、何心隐等人并有极大发展，泰州学派由他推向了一个高峰。在《续焚书》的《与曾继泉书》中，他自述当时其周围无见识的人们将其视为异端而大加挞伐的情形，他自己也承认自己是异端，可见"异端"思想乃是其特异之处。这种"异端"思想首先表现在他将自古以来是非标准颠倒过来的大胆批判精神，他认为是非标准没有固定的特质和定论，是随着时间推移而发展变化的，彻底否定了理学家以孔子作为是非标准的做法，批判了这种固定不变的是非标准压制、束缚了人们活泼的自然之性。被理学家教条化并被人们盲目崇拜的孔子学说，在李贽那儿已经开始动摇了，孔子作为道统之祖的地位也已不存在，在李贽看来，孔子与凡人并无二致，他根本不承认圣人和道统。伴随着道学家所奉

的道统基础的彻底动摇，儒家经典和儒家圣贤以及当世的道学家都遭到李贽的讽刺，批判乃至尖锐的抨击。其《四书评》与传统经读之书全然对立，表现出鲜明的离经叛道思想。在指出孔孟之学是其弟子当时致用学说，不应该也不可能作为万世的指导思想之后，说程朱奉孔孟之道是他们谋求富贵的资本，自称清高的道学家实际上是逐求高官厚禄的虚伪无耻之徒，口谈道德而实质是盗贼。在批评耿定向时，李贽就直截了当地揭示了其假道学的伪善面目，表现了他的勇敢批判精神。在动摇和瓦解了儒家独尊地位的前提下，他大胆评价诸子百家的功过是非，其所持标准已不是"以孔子之是非为是非"的标准，而是按照人性的自然之性和是否符合历史人物所处时代的现实为标准，原则是适应时代并能经世致用，只有这样才是对历史有用的人才。以此为标准，他大胆将陈胜、窦建德等农民起义领袖与帝王并论，理学家的妇女贞节观也受到李贽激烈的批判，这些都无一例外的是其思想被斥为异端的核心内容。

福建泉州李贽故居

李贽的"异端"思想是继承和发展泰州学派哲学思想而来的。他将王艮"百姓日用之道"的命题发展为"穿衣吃饭即是人伦物理",进一步强调人就是道和人必有欲的思想,认为"道"是饥饿时吃饭和困了睡眠等人们对基本物质生活的自然要求,这无疑是与道学相悖离的。同时,李贽提出趋利避害是人的自然本性,任何人都无法摆脱对物质利益的追求,呈现了当时价值观的新趋向,是对道学家们宣扬的"存天理,去人欲"的观点的彻底反叛。并说谋求功利是正大光明的事,这无疑是处于资本主义萌芽时期急于谋求发展的市民阶层的呐喊,市民意识的觉醒的显现。

由于有这些新的意识作为理论基础,才使得李贽思想上有掀翻万世名教的强烈战斗精神,同时其顺应时代的市民意识特点,使得李贽所提出的社会理想、道德原则和思想理论闪耀着启蒙主义思想的光芒,从而将泰州学派的思想理论发展到了顶峰。

李贽遭迫害致死

万历三十年(1602年)闰二月,礼科给事中张问达上疏弹劾李贽,说其书"流毒海内,惑乱人心",李贽被逮入狱,不久被迫自尽而死,其著作亦被烧禁。

李贽(1527年—1602年),字卓吾,号温陵居士,福建晋江人。嘉靖三十年(1552年)举人,万历中官至姚安知府,不久弃官,专事讲学著述。

李贽的学说受王守仁等人及禅宗的影响,公开以"异端"自居。他反对以孔子的是非观作为判断是非的标准,对朱熹的理学更是鄙

李贽像

薄。他说鄙儒无识，俗儒无实，迂儒未死而臭，名儒死节殉名，对封建地主阶级的理学家进行了猛烈抨击。

李贽又反对封建伦理道德，鼓吹个性解放和男女平等，主张妇女入学，寡妇再嫁。李贽学问渊博，著有《焚书》、《藏书》、《续焚书》、《续藏书》等书。当时天下人人争读，朝廷则视为洪水猛兽。

李贽被捕入狱，毫无畏惧，仍读书作诗如故。当听说要把他押回福建老家时，他说："我年七十有六，死即死，何以要归家？"遂在剃发时，夺刀自刎，一代思想家，就此惨死狱间。

北京通县李贽墓

顾宪成主导东林思想

顾宪成（1550年—1621年），字叔时，江苏无锡人，世称东林先生，泾阳先生，曾任吏部文选司郎中。他与高攀龙一道创办了东林书院，并形成东林学派，实际上由顾宪成主导东林思想。

顾宪成尊奉程朱学说，认为理是宇宙万物的本原，也是宇宙万物的规律和法则。他同朱熹一样，把理称之为太极，认为太极是产生天地万物以至人的精神知能的根源，是主宰一切的精神本体。他把理说成是神秘的万物之创造主、上帝的代名词，这比朱熹的"帝是理为主"的观念更进了一步。顾宪

顾宪成像

成借周敦颐的思想资料，加工改造用以宣称他理是主宰的本体论，以抨击佛、道空无之说；同时破除王学末流利用周敦颐的观念，为其无善无恶心之体的议说寻求本体论据的企图。顾宪成还借用《周易》中的太极生两仪，两仪生四象，作为理是主宰的本体论根据，并以此说明太极是宇宙万物的本原，以批评王学末流引释入儒或混释儒为一，他的针对性十分明确。

顾宪成把人性本善确立在东林书院院规之中。顾宪成继承了朱熹的观点，把人的本性问题提到本体论的高度。与朱熹不同的是，他认为善是天地万物的本原。他有意识地将人性与善紧密地联系起来，强调认性为实，性在善中，认为善与太极一样，不仅是天地万物本原，而且具有天地之德的宇宙本性。

顾宪成还进一步阐述善不仅有天地之德的宇宙本性，还有仁义礼智等道德属性。他认为天之四德的元亨利贞是善的体现，又是善的复归。顾宪成不仅把以善为主体的仁义礼智为内容的封建人性论赋予了本体论的内涵，而且把封建的人性论极端神圣化和永恒化了。

顾宪成抬高性善说的人性论正是针对王阳明的无善无恶心之体学说风行之后，在周汝登、管志道等王学末流中掀起的一股空谈心性而不务实学之风而言的。并且通过与周、管等人论辩，强调他的性善说的人性论。顾宪成在抨击无善无恶说时，还对佛教进行严厉的批驳。

顾宪成竭力反对不学不虑、不思不勉的见成良知，提倡躬行与重修的知行观与修养论。顾宪成一贯提倡本体与功夫的合一，认为要获得对具体事物的认识，必须有勤奋好学的精神，打破了圣人生而知之的传统观点，在知行观上有积极意义，更重要的是，顾宪成提倡讲习结合，认为士之讲学与农夫之耕地一样，有合法权利，表现出反专制主义禁锢，以争得自由讲学权利的要求。

顾宪成在道德修养论方面提出重修，认为悟由修入，修与悟是下学和上达的关系，悟与行相结合，相始终。他之所以提出重修，是要以修来校正王学末流的重悟之弊。他认为宁可失之于朱学之拘，而不失于王学之荡。具体的修养方法除强调躬行外，还主张居敬穷理，从道性善入手，落实到积仁，因为仁是德之首，他还讲求忠恕的道德修养，把诚意、正心、修身概括为忠，把治国平天下概括为恕，这也是与他一贯以天下为己任的救世立场相一致的。

吕坤有独见之言

吕坤（1536年—1618年），字叔简，号新吾，晚号抱独居士、了醒亭居士，河南宁陵人。少年时，博览群书，旁及佛经、医书。神宗时，任刑部侍郎，上疏陈天下安危，抨击政府苛重劳役，后遭诬陷而告病返乡。此后的20年中，完成了大量著述。

吕坤博综百家，融会贯通，自成一家，直达己见，大胆表明自己"不是道学"，"不是仙学"，"不是释学"，亦"不是老、庄、申、韩学。我只是我"，在学术上有"独见之言"和勇敢的批判精神。吕坤在道学（理学）盛行之时，公开宣布自己"不是道学"，而且批判"道学"称之为"伪"、"腐"，把自己的书斋名为"去伪斋"，著作有《去伪斋集》，颇有批评道学的勇敢精神。吕坤对于当时正盛行的王学，批评尤其激烈。他认为阳明之学根源于禅学，自晋唐时佛教传入以至于今，使人们卑视孔孟，而"明道、阳明皆自禅悟人"。

吕坤对朱熹持有批评态度，除了从理论上加以反对外，还有专著针对朱熹的《家礼》和《资治通鉴纲目》进行批评。他详尽地驳斥了《家礼》中种种繁琐和不近人情、不合"真情"之处，诸如亲丧三日不食等。又如妇人称氏而不称名，他认为，鸟兽草木有尚具有几个名，"妇人亦人也，可不名乎！"（《四礼疑·冠礼》）显示了他冲破封建思想桎梏的勇气和某些新思想。

吕坤和王廷相一样，持气一元论，也洞察到物质不灭的原理。吕坤认为宇宙间只有气，"气"的聚结和分散，形成了宇宙间万物形形色色的差异。吕坤反对把"理"（"道"）说成是居于主宰的精神本原。他说："宇宙内主张万物底只是一块气，气即是理。理者，气之自然者也。"

顾炎武编《天下郡国利病书》

崇祯十二年（1639年），顾炎武开始编撰明朝地方志书辑录《天下郡国利病书》。

顾炎武（1613年—1682年），字宁人，初名绛，曾自署蒋山佣，学者称亭林先生，明末清初江苏昆山人。早年曾参与复社反宦官权贵斗争。顺治二年（1645年）清兵南下，参加苏州、昆山保卫战。后往山东、河北、山西、河南等地实地调查。其学识广博，于天文、历算、舆地、音韵、金石、考古等均有深湛研究，是清代朴学之开山祖。一生著述甚丰，《天下郡国利病书》、《日知录》为其代表作。

明清之际李世熊编撰的《钱神志》书影。此书为后人了解"钱"的历史提供了重要资料。

明代刘文泰等奉敕编纂的《本草品汇精要》书影。书中所录《神农本草经》原文用朱笔书写，反映了后人对此书的尊崇。

《天下郡国利病书》是作者根据"经世致用"观点，按明朝行政区分类汇集资料，并从明朝地方志中辑录有关各地民生利害、政治经济利弊、军事得失等部分编撰而成，其目的在于鉴往知来。该书从其收搜资料至粗略成书，费时 20 余年，后仍不断修改。

该书首为舆地山川总论，次以明代两直隶、十三布政使司分区，因而历来被视为地理著作。其实，该书对各地建置、赋役、屯田、水利、军事、边防、关隘等都有较详细的论述，并涉及少数民族、农民起义等情况，是一部社会政治、经济、地理著作。但其重点在郡国利病上面，如赋役即为该书的重要内容。该书编撰之时正值明亡之际，士大夫痛定思痛，因而内容取舍有一定的针对性。是一部很有价值的社会政治经济资料。

该书有《四部丛刊》三编的顾氏原稿影印本和道光三年（1823 年）四川龙万育刊本。

王夫之将元气说发展到顶峰

明末清初，王夫之将唯物主义气一元论发展到高峰状态。

王夫之（1619 年—1692 年），湖南衡阳人，明末清初启蒙学者，唯物主义哲学家，字而农，号姜斋，中年时别号卖姜翁、壶子、一壶道人等，晚年隐居湘西蒸左的石船山，自署船山老农、船山遗老、船山病叟等，学者称之为船山先生。

元气，是中国古代唯物主义的哲学范畴，指构成万物的原始物质。元气说始于汉代，王充把元气看作是构成万物的物质本原，他说："天地合气，万物自生。"北宋张载肯定一切存在都是气，整个世界都是由气构成。世界统一于气，气只有聚散而无生灭。他把"虚"和"气"统一起来，认为"太虚即气"、"虚空即气"、太虚、气、万物，只是同一实体的不同形态。

到了明末，气的观念又有了新的发展。王夫之将元气论发展到了思辨的高峰。他发展了张载"知太虚即气则无'无'"的思想，对"气"范畴给以新的哲学规定。他认为，整个宇宙除了"气"，更无他物，宇宙天地和世界万物都是由"气"构成的。"气"希微无形，人眼觉察不到，但又充满宇宙太空。元气处在不停的运动状态之中，它的聚集生成万物，而万物的离散又成为元气，他还指出，"气"只有聚散往来，而没有增减、生灭，所谓的有无、虚实等，都只是"气"的聚散、往来及屈伸的运动形态。

在阐述了元气论后，王夫之又以之为思想根源，提出了诸多哲学观点。

在辩证法方面，他首先认为世界是物质的，物质是永恒运动着的。他论述了运动和静止的关系，肯定了运动的绝对性和静止的相对性，他认为，作为物质世界的阴阳二气之运动变化过程，其本身即蕴含着动、静两态，动是动态的动，静是静态的动，反对"废然之静"，指出"静者静动，非不动也"。以此，王夫之驳斥了一切主静论者的错误观点，以及佛、道哲学中割裂动静相联的种种诡辩。另外，他还指出物质是不生不灭的，物质运动只有形态之间的相互转化，而无数量上的增减乃至生灭。

在理气关系上，王夫之认为理是气的理，理外没有虚托孤立的理，从而批判了从周敦颐到朱熹所坚持的气外求理的唯心主义理论。

在道器关系上，王夫之认为"道"是标志事物的共同本质及规律，"器"是标志具体事物的。它们是同一事物的两个不可分割的方面，以此驳斥了"道本器末"的唯心主义观点。

除上述几方面外，王夫之还在认识论、伦理学、美学、历史学等多个方面都有深厚的学术观点及理论贡献，是明清之际中国哲学的精华。

由于王夫之生前僻居荒野，其全部著作在生前均未刊印。直至后来特别是鸦片战争后才得以重现刻印，汇编为《船山遗书》，包括有《周易外传》、《周易内传》、《尚书引义》、《张子正蒙注》、《读四书大全说》、《诗广传》、《思问录》、《老子衍》、《庄子通》、《相宗络索》、《黄书》、《噩梦》、《续春秋左氏传博议》、《春秋世论》、《读通鉴论》、《宋论》等等。

黄宗羲论君主

　　明末清初的中国，阶级矛盾和民族矛盾异常尖锐，将封建社会政治、经济、文化等领域的弊端进行深入的剖析和尖锐的批判已是当时思想家们的当务之急，因而反封建专制的进步思潮的涌动已势在必然，黄宗羲、顾炎武、王夫之、唐甄等无疑是这一时代浪尖上的"弄潮儿"，而黄宗羲对君主否定的论述则更具近代启蒙思想色彩。

　　黄宗羲（1610年—1695年），字太冲，号黎洲，浙江余姚人。他中年时期参加过抗清斗争，失败后，怀着强烈的民族气节，始终不仕清朝，而致力于著书立说。他的主要著作有《明儒学案》、《宋元学案》和《明夷待访录》等。

　　黄宗羲的杰出贡献在于他的政治思想方面。他激烈反对君主专制制度。他认为：上古三代的君主，实质上是由公众选出为大家谋利除害的公仆。但是后来，君主却把个人利益置于社会公共利益之上，为了满足个人的欲望，肆意损害公众的利益，把天下、国家视作个人私产。他们为了争夺私利，不惜发动战乱，荼毒生灵，驱使人民投入战争，以便增加自己的财富。这使得灾乱濒仍，人民无法安居乐业。得到政权以后，他们为了尽可能多地榨取财富，逼得人民妻离子散、家破人亡，又将所获取的财富完全用于一人的淫乐，可见君主是天下纷争不息的直接造因。君主专制政体下的国家，完全笼罩在黑暗统治之中，所有的社会弊病也根源于此。最后，他得出了在当时惊世骇俗的结论：君主是天下最大的祸害。这种怒吼无疑是尖锐并具有卓越胆识的。

　　黄宗羲还进一步批判了封建专制主义的法制。他指出，专制帝王的法，是"一家之法"，因而是非法的。他认为这种"非法之法"不仅是祸乱的渊薮，而且束缚了天下人的手足。因此，他强调应建立"天下之法"的法制。黄宗羲在对封建君主进行猛烈抨击的同时，也为未来设计一个理想的社会。在这个理想社会里，以限制君权的措施来达到"修齐治平"的改良目的。首先要制定"天下之法"，废止封建帝王的"一家之法"。第二要恢复明代废止的宰相制，用宰相分散皇帝的权力。在国家最高机关里，君臣共议国政，地位平等，而不是"君为臣纲"的主奴关系。第三要加强社会舆论的力量来约束君主的言行。国家设学校，学校不仅为国家培养人才，而且也要参予国家政治机构，校长可对皇帝和大臣进行教育和批评。总之，在法治原则下，可以不废除君主，但最高权力在内阁和学校。

黄宗羲对封建君主及专制制度的批评和对未来社会的设想，带有初期民主思想色彩，对中国近代的思想界产生了重要影响。

孙奇逢开创新学术

孙奇逢（1584年—1675年），字启泰，号钟元，保定府容城县（今河北）人，是一位不愿做官的举人，自称是东林党魁顾宪成、高攀龙的私塾弟子，后期东林党中流砥柱之一。当左光斗、魏大中、周顺昌等东林名士被魏忠贤阉党污陷下狱后，他置生命于度外，多方设法营救。明末组织民众武装抗清，明之后，多次拒绝入清廷为官，家园被清贵族圈占后，被迫迁居河南辉县苏门山夏峰村，被学者称为夏峰先生。他创办书院，收徒讲学并著述了大量著作，其代表作有《理学宗传》、《四书近指》、《书经近指》、《谈易大旨》、《中州人物考》、《新安县志》等，后人编为《夏峰先生集》、《孙夏峰先生全集》。其著述广泛涉猎理学、经学和史学，有力地影响了清初北方的一代学者，开创了一种新的学术风气。

　　孙奇逢开创的新的学术风气以折中调和程朱与王阳明为基本倾向，以兼容并包的态度，从比较朱、王的异同和利弊长短出发，主张兼收朱、王，以长补短，以利救弊，反对走极端，并针对晚明以来学术界的空疏之弊，强调以"实"补"虚"，以朱学的"平实"、"力行"之长救王学空虚之弊，并以"礼"说"理"，赋予"礼"以本体论哲学的新内容以救济王学风靡却日益禅化的状况，还客观上肯定了王学是朱学思想文化的构成和新发展。

　　他极力批判空谈误国的理学，重视实用，将治学与经世相结合，强调做官要有经纶天地、宰割民物的实际才干，将理财治生作为当时为官的一项根本内容，认为"理财"是重要的治国之道。他这样提倡以实补虚、重于实用的学风，实际上彻底否定了晚明以来王学末流空谈说玄之风。

　　《理学宗传》是孙奇逢的代表作，三易其稿，历时达30年，于康熙五年（1666年）定稿。它探寻和阐述了北宋周颐颐到明末顾宪成为止的理学宗传传统，罗列了周敦颐、二程、朱熹、陆九渊等11位理学大师和汉以来历代儒生146人，论述各自的宗法关系，对这些人的评论从"力行"出发，不注重词章的训诂和考据，比较实际地论述了理学的发展历程，概述了中国学术思想史的发展线索，把整个学术思想看作是发展的而不是一成不变的，具有一定的辩证发展思想。尽管他未能突破儒学的框架而扩大其学术思想研究的范围，许多进步思想家被排除在外，但这种学术风气却具有开创性意义。他以史学家敏锐的眼光，认识到理学是中国传统学术思想发展的一个重要历史阶段，必须作专门史的研究。《理学宗传》是一部学术思想史方面的奠基著作，为后世编写学术思想史提供了借鉴，直接影响了黄宗羲《明儒学案》、《宋元学案》的撰述。孙奇逢在学术思想史研究上的这一开创之功是不可低估的。

学僧方以智去世

康熙十年（1671 年）十月七日，学僧方以智去世。

方以智（1611 年—1671 年），字密之，号曼公、浮山愚者等，别号很多。安徽桐城人。方以智年轻时与陈贞慧、吴次尾、侯方域等复社名士交往密切，他的诗文、草书都甚为了得。移居南京后，与黄宗羲、顾宪成之孙顾杲等来往。后来，受阉党阮大铖迫害而流亡岭南，与王夫之为知交。清兵南下后，他在梧州削发为僧，后来返回故乡，又至金陵，潜心著述。

方以智是精通自然科学和社会科学、学贯中西和古今的杰出思想家。他才华横溢，年青时即通经史百家，崇祯十四年（1641 年）撰成《通雅》，两年后作《物理小识》。现存《浮山前集》、《浮山后集》以及史学、音韵学、医学著作等约 400 多万字，见之书目而著作佚失的另有 100 多件，可见其著述的宏富。

方以智的前期思想集中体现在《通雅》和《物理小识》中，后期思想则表现在《药地炮庄》中。

他说"盈天地皆物也"，坚持世界的物质统一性。"质测即藏通几"是对其科学哲学观的归纳。他在《通雅》中将学问分为经国治天下的"专言治教"的"宰理"；研究数、律历、音韵、医药等自然科学的质测之学的"物理"；专门讨论事物"至理"的哲学的"通几"。正确地论述了质测与通几，即自然科学与哲学的关系。认为两者互相包含，哲学建立在科学的基础之上。

方以智提出"火"是万物生灭和运动的本原。把"气"这一物质实体与作为"气"的活动状态的"火"联系起来，创立了"气"—"火"一元论。其论证方法与 18 世纪法国思想家霍尔巴赫在论证物质运动时的方法惊人相似。

方以智进一步丰富和发展了运动发展对立统一的辩证思维。他肯定事物内部有"二"，提出"合二而一"的观点，肯定事物是矛盾的统一体；认为矛盾有主次；认为任何事物在矛盾中，可向相反方向转化，即"处处有交互，则处处可颠倒"。

总之，方以智将自然科学、哲学等众多领域的知识融为一体，将传统的自然科学发展推向了一个新的高峰，是近代科学思想萌芽的先驱者。

方以智像

《树下骑驴图》轴。方以智绘

傅山提出"四宁四毋"

傅山总结自己学字的经验，提出了"四宁四毋"的学字原则。

傅山（1607年—1684年），字青竹，又改字青主，号真山、石道人、松侨老人，阳曲（今山西太原）人。明朝灭亡后，隐居阳曲山中，苦攻医学，研习金石书画。后因为梦天帝给他赐黄冠，便穿朱色衣，住土穴，自号朱衣道人。晚年喜喝苦酒，又自称"老叶禅"。康熙十七年（1678年），被强征博学鸿词科，以死相拒，终得幸免。

清焦秉真《耕图》摹本

傅山能书会画，画多为山水，风格古拙奇特。书法精湛，工篆、隶、楷、行、草诸体，尤精于草书。20岁开始学前人晋、唐书法，总学不像，于是改学赵孟頫、董其昌，爱其圆转流丽，稍临便能以假乱真，从此悟出作字先学做人的道理，并提出著名的"四宁四毋"主张，即"宁拙毋巧，宁丑毋媚，宁支离毋轻滑，宁真率毋安排"，表明了他的书法美学观点。

傅山提出的"四宁四毋"成为后人学书的基本准则。

颜元访李木天

颜元（1635 年—1704 年），字易直，河北博野人。他是一个思想家、教育家，并在武术上达到很高造诣的学者。他 8 岁开始拜尚武的吴洞云为师。吴洞云能骑、射、剑、戟，所以颜元从小就与武术结下了不解之缘。14 岁时，学习运气导引之术。据说他向同乡人学习骑射，能够"挟利刃、大弓、长箭、骑生马疾驰，同辈无敌者"。22 岁时，他又学习兵法，研习攻战坚守的策略，经常彻夜不眠。他还向隐居在易州五公山，善枪法、刀法、拳法的王余佑问学；又向精通六艺、善枪法的陆桴亭学习。

康熙三十年（1691 年）八月，颜元已经 57 岁，他去拜访商水大侠李木天。二人在月下畅饮，李木天饮到兴处脱下衣服，演练名家的拳法。颜元看了以后，笑着说："如此可与君一试。"于是折下一根竹子做刀，与李木天对舞，没有几个回会，便刺中了木天的手腕，李木天大为震惊，说："技至此乎！"于是倾倒下拜，深为钦佩。可见颜元武技是很精湛的。

清朝初年理学很盛行，颜元一反宋元以来的儒者习静之俗，发而为主动的思想。他说："吾尝言一身动则一身强，一家动则一家强，一国动则一国强，天下动则天下强。"62 岁时，主教漳南书院，书院除了设有文事、经史、艺能课程外，还特设"武备课"，教习孙吴诸子兵法，以及攻守、营阵、水陆战法、射御、技击等课目，还特地在书院内辟有马步射圃，供习射之用。

黄宗羲去世

康熙三十四年（1695年）七月三日，著名学者黄宗羲去世，终年86岁。

黄宗羲，字太冲，号南雷。学者称梨洲先生，浙江余姚人。明御史黄尊素之子。父冤死，黄宗羲入都讼冤，积极参加反对阉党的斗争。清兵入关后，他起兵抗清，后失败即隐居著述。他一生著作有60多种，1300多卷，研究领域涉及经、史、子、集、天文、历算、地理各个方面，与顾炎武、王夫之并称"清初三大师"。

黄宗羲像

黄宗羲的哲学思想基本倾向于唯物主义，认为"盈天地间皆气"，反对宋儒"理在气先"的观点。在政治上，他对封建君主专制制度进行了批判，认为"为天下之大害者，君而已矣！"他公开蔑视皇帝至高无上的权威，

浙江余姚黄宗羲墓

认为"天子之能是未必是，天子之能非未必非"，并因此提倡君臣共统天下。在经济上，黄宗羲主张"工商皆本"。

黄宗羲的学术成就重要体现在史学研究方面。他写的关于明朝的历史书籍很多，有《明史案》244卷，此书全本已佚，但在当时对康熙年间官府编写的《明史》产生了重要影响。他的《宋元学案》、《明儒学案》评述学术沿革，是中国学术史的开山之作。

颜元主持漳南书院

康熙三十五年（1696年），著名学者颜元开始主持漳南书院。23岁后，颜元开始办学塾教授子弟。与此同时，潜心学问，孜孜不倦，终于成为清代前期著名的启蒙思想家和教育家。颜元是一个朴素唯物主义者和功利主义者。他主张习行、践履，提倡学以致用。这些思想自然也体现在他的教育实践中。颜元主持漳南书院时，已经62岁。他大胆对旧教育制度实行改革，在书院里分设文事课，教礼、乐、书、数、天文、地理等；武备课，教兵法、攻守、营阵、陆水诸战法及射、御、技击等；经史课，分十三经、历史、诰制、章奏、诗文等；艺能课，分水学、火学、工学、象数等，废除八股篇章，务使学生学到富国强兵的真本领。同时他注重教育与实践相结合，反对闭门诵读，静坐修养。颜元提倡的教育内容和方法，在当时均具有创新意义。漳南书院的改制，在颜元一生中也具有重要地位。颜

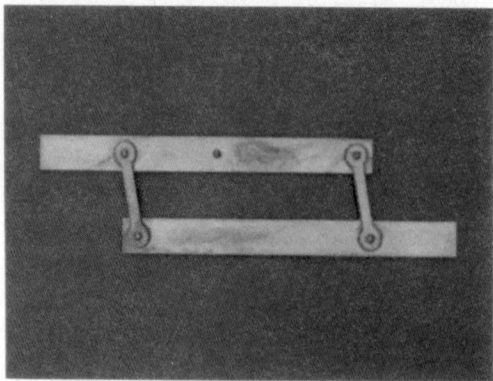

清代铜平行线尺，可用于测量和绘图。

元主持书院仅半年时间，书院即被洪水冲毁。由于资财有限，无力再举，颜元不得不怅然返家，他以教育振兴民族的理想遂未能实现。

藏族人类起源图。现存于西藏布达拉宫。在藏族神话传说中，神猴是人类的祖先。本图表现了经菩萨点化后，神猴逐渐进化成人的传说。

王夫之终结宋明理学

王夫之像

王夫之（1619年—1692年），字而农，号姜斋，湖南衡阳人。晚年因隐居衡阳石船山麓，被人称为船山先生。他出身于书香门第。自幼承继家学，博览群书，名振乡里。然而，科举三次落第，崇祯十五年（1642年）第四次乡试才中了举人。那一年末，与其兄赴京会试，因李自成、张献忠农民起义而阻断了道路，未能成行。次年九月，张献忠攻下衡阳，邀请王夫之兄弟加入起义军被拒绝。顺治五年（1648年），具有强烈民族意识，不满于清廷的民族高压政策的王夫之，在南岳衡山策划武装抗清，因泄密而落空。后投奔南明桂王，任行人司行人之职。他目睹了统治阶级内部争权夺利的相互倾轧，竭力抨击"结奸误国"的东阁大学士王化澄，几乎惨遭残害，被迫逃离而投奔桂林抗清将领瞿式耜。瞿牺牲后，王夫之流浪于湖南荒山野岭之间达4年之久。顺治十四年（1657年）才辗转返回衡阳，隐居石船山著书立说。

王夫之在极度艰苦的条件下，在强烈的历史责任感驱使下，坚持学术研究，不间断著述活动。其著作内容宏富，广泛涉及政治、经济、哲学、史学、文学、训诂、天文等方面。流传至今的或有目可考的尚达100多种，398卷。《张子正蒙注》、《周易外传》、《尚书引义》、《读四书大全说》、《思问录》、《黄书》、《噩梦》、《搔首问》、《俟解》、《读通鉴论》、《杂论》、《老子衍》、《庄子通》、《诗广传》等。

王夫之继承和发展了张载以来的唯物主义的"气"本论，明确提出了"太虚即气"、"太虚一实"的命题。认为宇宙万物的产生、变化都是"气"聚散的结果。他对气的物质性作出了更高的哲学概括，认为"气"是永恒不灭的，客观世界的变化，只是物质形态的"气"的有形与无形的转化。这一哲学命题成为批驳佛、道的有力武器，并以此为出发点，破除理学家对"太极"的神化，使程、朱理学的唯心主义哲学基础彻底动摇。"太虚一实"的"气"本论，坚持了理和气的一致性，批驳了程朱理学的"理在气外"、"理本气末"

湖南衡阳王夫之故居

的谬误，认为理不能脱离物质性的气而存在。

针对理学家"道本器末"、"理在事先"的观点，王夫之提出"道在器中"，不能离开用来标志具体事物的"器"来讲"道"——标志事物共同本质及其规律，从而揭露了佛、道和宋明理学形而上的本体论的虚伪本质。以"太虚一实"的"气"本论为出发点，承认客观世界的物质性，进而得出客观物质世界的固有属性是运动，"太虚本动"，"变化日新"的辩证发展观。肯定了运动的绝对性和静止的相对性，在二者关系上也坚持了其互相依赖和包含的关系，驳斥了佛、道、理学中割裂动静关系的错误言论。王夫之认为事物的运动变化，是事物内部对方——"两端"相互斗争的结果。二者"相峙而并立"为"分一为二"，又"相倚而不相离"为"合二以一"，即既对立又统一，事物都是矛盾统一体。其斗争性是事物矛盾转化的根本原因。

王夫之的"气"本论是古代唯物主义思想的集大成，使我国的朴素唯物辩证法的理论形态发展到了顶峰，为明清之际的实学高潮奠定了坚实的哲学基础。在此基础上，他坚持"行可兼知"、"言必有证"的知行统一观和务实学风，与理学"知先行后"的唯心主义根本对立。同时也抨击了心学"知行合一"的主张。对割裂"知"与"行"即理论和实践关系的理学，混淆"知"与"行"的心学都全面地予以否定。此外，他针对理学家"存天理，灭人欲"的思想，提出"理欲统一"的论点，认为"天理"和"人欲"并不是截然对立的，而是统一的。"天理"就存在于"人欲"之中。佛、道及理学的宗教禁欲主义至此也彻底破灭了。

总之，王夫之以我国的朴素唯物辩证法思想为哲学基础，彻底批判和抨击了宋明理学和佛道的某些思想。试图通过对理学的批判探究明王朝的兴亡得失，寻找历史发展的规律，作为后世的鉴戒。

颜元创颜李学派

颜李学派是清初一个十分重要的学派，由清初著名思想家颜元开创，并被其弟子李塨广为传扬，对当时的学术产生过巨大影响。

颜元（1635年—1704年），字浑然，号习斋，河北博野人。一生从事学术研究和教授生徒的生涯，从未出仕。他一生著作宏富，主要有《四存编》、《四书正误》、《朱子语类评》等。

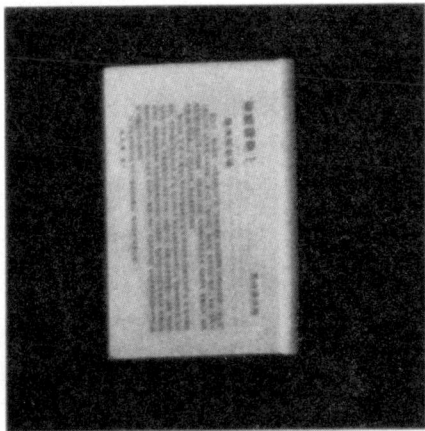

颜色著作《存性编》

李塨（1659年—1733年），字刚主，号恕谷，河北蠡县人。颜元学术思想的直接继承者。他多才多艺、著述颇丰，主要有《四书传注》、《周易传注》、《拟太平策》、《大学辨业》、《恕谷后集》等，涉及礼乐兵农经史等诸多领域。

颜李的学术思想集中体现于以经世致用的实用学说反对空疏的理学，倡导"习行"。以前所未有的大胆笔触猛烈抨击理学，以"复古"为旗帜提倡"革新"。其倡导和身体力行的"习行"注重实践，以实文、实行、实体、实用来创造实绩而使物阜民安。在《朱子语类评》中，他揭露了世儒只读经注，以博取功名富利的空虚学风，并针对理学家静坐参悟，大力提倡"动"，认为"动"能强身、强国、强天下，以期达到治国平天下的目的。他构想的"漳南书院"集中体现了这一思想，以"六艺"之学对抗理学，认为八股取士的学风造成了天下无办事之官，庙堂无经济之臣；八股文盛行使天下无学术，因而朝廷无人才，天下无政事，无治平，无民命。只有按照"漳南书院"这种模式兴办学校，教授"六艺"，复兴学校，才能造就经世治邦的人才。

颜李实学建立在气一元论的哲学基础之上，认为气生万物，理气合一。在此前提下提出了人性即人生的所谓"生之谓性"的命题，反对理学轻视气质之性，并将气质之性与义理之性割裂的主张。为批评理学将天理和人欲对立的主张，提倡"见理于欲"，认为欲是人的真情致性，充分肯定人道的合理性。以经世致用的事功之学对抗理学的"误天下后世"的禅宗哲学，大胆借鉴西洋的教育体制，力主引入西方自然科学的某些成就。

颜李学说的广泛传播，与当时的三大思想家（顾炎武、黄宗羲、王夫之）一起彻底清算了理学，并把实学之潮推向了顶峰，对后世学术产生了积极的影响。

康熙四十三年（1704年）六月二十日，清廷令全国统一斗斛。这是清宫太和殿前嘉量。

朱彝尊去世

　　康熙四十八年（1709年）十月十三日，著名作家、学者朱彝尊去世，终年80岁。朱彝尊，字锡鬯，号竹垞，晚号金风亭长，浙江嘉兴人。他生于没落世宦家庭，少年时比较穷困，对明朝怀有眷恋之情。曾经漫游广东、浙江、福建等地，结交抗清志士张家珍、魏耕、顾炎武等人。康熙十八年，他应博学鸿儒，授检讨，参与编纂明史。二十年

朱彝尊（右）与毛奇龄像

入值南书房。他博学通才，工诗词，写诗2000多首，词600余首，诗与王士禛齐名，时称"南朱北王"，在清诗词界，是浙派诗和浙西词的领袖。他还辑成《明诗综》100卷，收明代3000首400余家诗歌；又编纂《词综》，收唐宋金元词500余家。朱彝尊还致力于经史之学，著有《曝书亭集》80卷，《经义考》300卷，以及《竹垞文类》、《日下旧闻》等。其中《日下旧闻》是了解北京历史的重要文献，取材于1600多种古籍，共42卷。

戴震开皖派汉学

明末清初，宋学衰微，古文经学渐趋复兴。至乾隆、嘉庆之际，考据之学大兴，史称乾嘉学派，戴震创建的皖派汉学即是其中一大流派。它较乾嘉学派的另一大流派吴派为晚出，但后来两派并立，相互影响，互为师友，成为乾嘉汉学的两大支柱。

戴震（1724年—1777年），字东原，安徽休宁（今安徽屯溪）人。他年轻时，师事婺源学者江永，学习声律、音韵、文字、历数、典礼等。40岁中举人后，屡次会试都落第。51岁时经纪昀等名学者推荐入《四库全书》馆任纂修官，校订天算、地理诸书。两年后，乾隆赐他同进士出身，任翰林院庶吉士，继续编纂《四库全书》，直至病逝。

戴震是乾嘉汉学中的杰出代表，乾嘉皖派的创始人，清代中期卓越的思想家、考据学家和自然科学家。他的著述很多，涉及音韵、训诂、哲学、伦理、天文、算学、地理、方志等各个方面。其中音韵训诂之作有《诗经补注》、《毛郑诗考证》、《孟子字义疏证》、《声韵考》、《声类表》、《方言疏证》等；在哲学和伦理方面，《原善》、《答彭进士允初书》、《孟子字义疏证》，而后者又是其中力作。他在音韵学上创意很深，在顾炎武、江永的基础上，创出了古音九类二十五部说和阴阳入对转的理论；在名物训诂上，能从文字、音韵、训诂入手探求古代经典的义理，做出相当的成就，对皖派弟子影响很大。他还开创了"由字以通其辞，由辞以通其道"的皖派学风。不过后来的汉学家走向"由字以通其辞"而不论"由辞以通其道"，单纯为考据而考据的方向。

在戴震的代表、引导下，皖派学风的共同特点是实事求是、无征不信，既能治学深严，条理细密，又富有求实创新精神。这一派的重要人物，还有程瑶田、段玉裁、王念孙、王引之等。他们专力经学，旁及文字、音韵、训诂、天算、地理、考古、校勘、金石、乐律、制度等很多方面。如段玉裁的《说文解字注》，王念孙的《广雅疏证》、《读书杂志》等，王引之的《经义述闻》、《经传释词》等，都是清代经学或小学上的名著，对学术界有重大贡献。

皖派汉学发展到段、王氏父子时，已经没有了反理学的思想内容，更不涉及政治，失去了清初汉学的原旨，形成了一个完全脱离社会实际，只埋头于单纯的考据，缺乏理论思维深度和理论批判力度的考据学派。但其中以汪中和阮元为特例，他们还是继承了顾炎武、戴震等的汉学传统，在一片偏枯、繁琐的训诂考据风气中，以训诂为义理服务，显示了关切社会政治文化的活力。

戴震著《孟子字义疏证》

戴震（1724 年—1777 年）不仅在文字、音韵、训诂方面有突出的成就，开皖派学风，而且在哲学和伦理学方面也有较进步的思想。在他的《原善》、《孟子字义疏证》和《答彭进士允初书》等哲学、伦理学代表作中都有体现。而《孟子字义疏证》是他最为得意的力作，充分展现了他的哲学、伦理学思想。

《孟子字义疏证》原题《绪言》、《孟子字义疏证》(清刊本)

《孟子私淑录》，共 3 卷。乾隆四十二年（1777 年）戴震逝世前不久成书。该著通过阐述《孟子》中的"理"、"天道"、"性"、"才"、"道"、"仁义礼智"、"诚"、"权"等重要的哲学范畴，以及通过训诂考据探讨古书义理，集中地反映了戴震的唯物主义思想，成为戴震的主要哲学著作。

《疏证》对程朱理学提出的著名命题"存天理、灭人欲"进行了猛烈的批判。指出：天理与人欲是统一的，"理存乎欲"，不能用所谓天理去禁锢人们的正常欲望。程朱理学所谓的"理"，不过是尊者、贵者、长者用以欺骗和镇压卑者、贱者、幼者的工具。"尊者以理责卑，长者以理责幼，贵者以理责贱，虽失，谓之顺；卑者、幼者、贱者以理争之，虽得，谓之逆"。"人死于法，犹有怜之者，死于理，其谁怜之？"这种观点抓住了程朱理学的弱点，对其批判一针见血，毫不留情，带有强烈的反封建性。因此，在中国近代反封建革命中，屡被资产阶级革命家借用，以宣传反封建，影响不可谓不大。另外，戴震认为"道"是物质性的实体，"气"的变化过程就是道。"气化流行，生生不息，是故谓之道"。"理"指事物的条理，"化物之质，曰肌理，曰腠理，曰文理；得其分则有条而不紊，谓之条理"；"事物之理，必就事物剖析至微，而后理得"；"理"不能脱离具体事物存在。这种唯物主义观点也对后世产生过深远的影响。戴震也因此成为王夫之以后最重要的唯物主义哲学家之一。乾隆四十二年（1777 年），戴震逝世。

经学家孙星衍去世

嘉庆二十三年（1818 年），经学家孙星衍去世，终年 66 岁。

孙星衍（1753 年—1818 年），字渊如，江苏阳湖人。乾隆五十二年（1787 年）进士，授翰林院编修，后任山东布政使。为官清廉，不谀权贵。

孙星衍治学范围广泛，经史、文字、音训、诸子百家、金石碑刻，都有

清代陕西民间皮影戏《人面桃花》

涉及，且取得显著成就；还工篆隶，擅诗文，精考据，喜藏书。他曾积22年之功，撰成《尚书今古文注疏》，集《尚书》研究之大成。

此外，他还有《周易集解》、《金石萃编》、《尔雅广雅训韵编》、《史记天官书考证》等著作传世。

龚自珍为变法张目

龚自珍（1792年—1841年），又名巩祚，字璱人，号定庵，浙江仁和（今杭州市）人。出身于世宦之家，是著名《说文》学家段玉裁的外孙，自幼接受清乾嘉学派古文经学的学术熏陶。由于痛感社会的深重危机，他自觉摒弃了祖训和外祖的学术传统，转而研究"经世之学"，关注现时政治。28岁时，他师承常州今文经学派理论奠基人刘逢禄，治"公羊学"，博览群书并熟谙掌故和古代典制，长于地舆之学。由于权贵的阻挠排挤，38岁才中进士，一直担任内阁中书、礼部主事等闲职，无法实现自己的政治抱负，10年后即辞官南下，在杭州、丹阳等地讲学。鸦片战争爆发的次年，他病逝于丹阳。

心怀救民治国"理想"的龚自珍，一生著述甚丰，青年时代，为抨击时政而写下著名的《明良论》、《乙丙之际著议》等政论文章；因感到西方列强侵略威胁的日趋严重，他写下《东南罢番帕议》和《西域置行省议》及《蒙古图志》等地理著作。在经学方面更是硕果累累，《六经正名》、《六经正名问答》、《春秋决事比问答》在其文集中占据了很大篇幅。此外还有大量的政论、诗文。他的诗文，半是对旧制度行将就木的挽歌，半是对新社会力量的召唤。在封建社会向半封建半殖民地社会过渡之际，他是眼光开放、思想清新、具有维新变法思想的先驱之一。

　　龚自珍主要提出了"更法"的社会变革主张。他的"更法"主张主要有以下几点：首先，他主张修订封建礼仪制度，变通以资格考官的陈规，加重内外大臣的权威。他指责封建专制的反动统治，带来了大小官吏士气不振、苟且偷安、吏治败坏的社会弊病，"官益久，则气愈偷，望愈崇，则诏愈固"，导致了国运衰微的局面。其次，他提出了具有重大政治意义的经济改革主张。一是反对豪族地主的土地兼并，二是顺应资本主义的发展，采取若干富国富民的措施。针对豪族地主的土地兼并，他指出："小不相齐，渐至大不相齐，大不相齐引至丧天下。"也就是说土地兼并的后果必将引起社会动荡，导致封建王朝的覆亡。进而，他提出"田相齐"以缓和、调整阶级矛盾的政治主张。为顺应资本主义的发展，他提出了有利于发展富农经济的"役于圃"和有利于发展商品生产的"役于市"的主张。支持土地自由经营，实行农业雇佣劳动，发展城乡商品经济，大力提倡蚕丝、棉花生产，反对鸦片、奢侈品进口等。第三，龚自珍的"更法"主张，渗透着反对外国资本主义侵略的爱国思想。他对鸦片输入深恶痛绝，坚决支持林则徐的禁烟运动。针对投降派的破坏活动，他曾对林则徐说："粤省僚吏中有之，幕客中有之，游客中有之，商估中有之，恐绅士中未必无之，宜杀一儆百……此千载之时，事机一跌，不敢言之矣！不敢言之矣！"最后，为了"更法"的实现，他对新人新事的出现寄予希望。他期待社会变革，希望出现一批立志改革的人物，借以改变死气沉沉的国度，使祖国获得新生。

　　龚自珍的"更法"思想，为后来的维新变法运动起到了鸣锣开道的作用。

魏源倡导维新思想

魏源（1794年—1857年），字默深，湖南邵阳人。道光元年（1821年）开始，屡次参加科举，不第。后入江苏布政使贺长龄幕府，编撰《皇朝经世文编》，注重研究漕、盐、河、兵、荒等政策事务，以擅长经世之学闻名。

鸦片战争爆发后，魏源入两江总督裕谦的幕府，曾参加浙江前线抗英战争的筹划和指挥工作。1842年，魏源有感于屈辱的《南京条约》，写下《圣武记》一书，希望通过清政府前期的一些重大军政活动的记录和评述，以此激励清政府振兴武备，抵御外侮，挽救民族危亡。

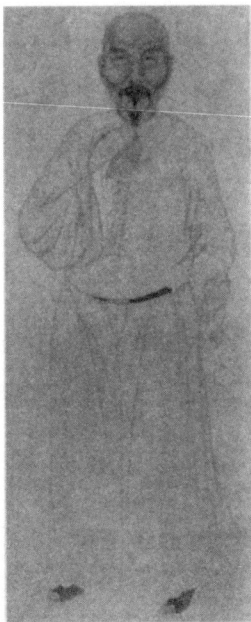

魏源像

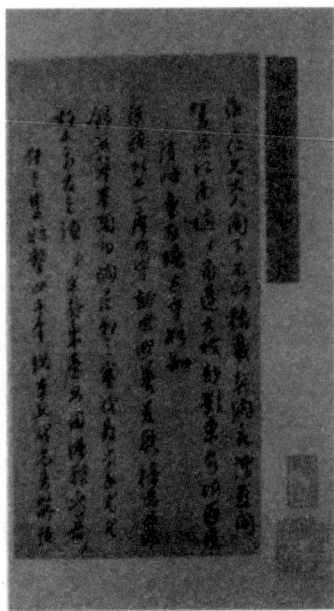

魏源墨迹

作为近代维新思想的先驱，他的政治主张主要有以下几点：

一是"师夷长技以制夷"。这是中国近代史上最早发出的向西方学习的呼声。魏源站在从战胜列强侵略以救亡图存这一战略高度提出这一呼声，认为要先了解西方世界，学习西方先进技术，方能抵抗外来侵略。他认为，外国的长技有三：一战舰，二火器，三养兵练兵之法；且认为除军事技术之外的东西，如"量天尺、千里镜、龙尾车、风锯、火锯、火轮机、火轮舟、自来火、千斤称等"都是对民有益之物，都应该学习借鉴。

二是朴素辩证的变易观和矛盾观。魏源继承了《周易》《老子》等书中的变易观点，认为自然界和人类社会均处于不断变化之中，进而提出自己的矛盾观。他认为古今宇宙变化，是事物矛盾发展推动的结果。他说："天下物无独，必有对……有对之中必有一主一辅，则对而不失为独。"魏源看到矛盾并不能孤立存在，必有其对立面，而且，矛盾的双方又有主次之分。主次双方必然相互斗争，从而推动事物的发展。由此，他提出要变革当时社会弊政以及历史进化的观点。

三是"及之而后知，履之而后艰"的知行观。魏源把"行"看作是人们认识的来源，在知行关系上，强调"行为先"。人们要达到真知，必须与客观事物接触，亲身经历、体验。他反对先验论思想、闭门造车，强调后天学习才是最重要的。

四是提出"知耻振邦"和"利国利民"学说。中国人历来都把是否"知耻"作为一个重要的道德标准。魏源进一步发展了这种学说，进一步提出"知耻"才能"振兴国家"的爱国主义思想。在此基础上，他进一步提出利国与利民要统一，知耻才能忧国，忧国才能振邦，振邦才能利民。这对当时振兴民族精神，抵御外来侵略具有重要的现实意义。

魏源是倡导维新思想的先驱之一，开近代思潮风气之先，其历史进化观点和要求变革的思想，成为近代中国资产阶级改良思想的先驱，对批判传统的封建意识，促进中华的觉醒有巨大的思想启蒙作用。

魏源编《海国图志》

道光二十一年（1841年）夏，魏源受林则徐之托，继续编辑《海国图志》一书，较为全面系统地阐述、发展了包括龚自珍、林则徐的主张在内的有关政治、经济、科技、历史、地理、对外关系等方面的重要主张。《海国图志》50卷于道光二十二年（1842年）编成，全面系统地介绍了当时他所能收集到的世界地理和历史知识。

《海国图志》共分3个部分：

一、《筹海篇》。魏源总结了人民群众自发地进行抗英斗争和他在浙江前线筹议、指挥抗敌战事的经验和教训。

首先提出了以我之长，削敌之短的主张。他认为，敌人虽然船坚炮利，但远离后方，供应不济，主张在内河内地与敌周旋，"守外洋不如守海口，守海口不如守内河"。同时注重人民群众的力量，"调客兵不如练水兵，调水师不如练水勇"。

其次表达了向西方学习的思想。他认为，要抵御西方资本主义的侵略，首先要了解西方资本主义世界，尤其对西方的科学技术不能盲目排斥，"师夷长技以制夷"。其具体做法是：设译馆翻译西书，聘请外人传授制造技术，一方面造船制炮，另一方面培养训练技

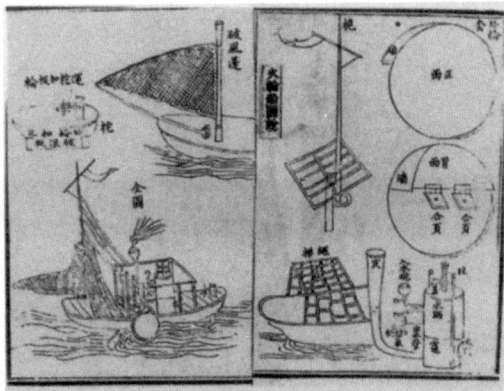

《海国国志·火轮船说》

术人才。

此外，凡是有关国计民生的科学技术，如火车、轮船、起重机、天文仪器都可仿造。他相信："风气日开，智慧日出，方见东海之民，犹西海之民。"

二、《海国图志》依次介绍了亚洲、澳洲、非洲、欧洲、美洲各国的有关情况，分析了世界政治形势，指出英国是最强盛的西方资本主义国家。它利用商品输出对外扩张，开拓殖民地，还利用鸦片、商品、宗教、大炮将其势力扩展到世界各地。

书中介绍了英国发达的生产技术，记述了西方君主立宪制度、君民共主制度、民主共和制度等各种类型的国家制度。具体介绍了英国政治和行政制度。还介绍了美国的民主共和制：总统四年一选举，议会选举少数服从多数。书中还提到瑞士"国无苛政，风俗俭朴，数百年不见兵革"，"为西土之桃园"。

三、书中具体介绍了西方的军事科学技术，如轮船、枪炮、望远镜、水雷、地雷等武器的制造方法。

作为"开眼看世界"的第一批爱国的历史、地理学家，魏源及他所著的《海园图志》所提供的海外世界的新知识，对后世产生了巨大影响。

洋务派受此书启发，办起了中国近代军事工业和民用工业。

资产阶级维新派认为《海国图志》是了解西学的基础。

此书于道光三十年（1850年）流传到日本，人们争相诵读，对日本的维新变革也起到了启蒙作用。

王韬介绍西方世界

王韬是资产阶级早期改良派的代表和介绍西方世界的先驱之一。

王韬（1828年—1897年），江苏长洲人。18岁中秀才，后屡试不中。道光二十九年（1849年），应英国传教士麦都思的邀请，离家乡赴上海，任职于英国教会办的墨海书馆。太平天国时期，他屡向清政府献"御戎"、"平贼"等策，未被采纳。1862年回乡，化名"黄畹"，上书太平军将领刘肇均，此事为清军获悉，下令缉拿。在英国领事麦华陀庇护下，他逃往香港。1867年至1870年间，由英人理雅各邀往英国译书，并游历英、法、俄等国。1874年回

19世纪末在中国传教的外国人

香港主编《循环日报》，评论时政，主张变法自强。他是中国资产阶级改良派的第一个报刊政论作家。

王韬的思想对洋务派很有影响，其著述最著名的有《法国志略》、《普法战纪》、《扶桑游记》、《漫游随录》等。

王韬是一位法国史研究专家。在《法国志略》里，他详细记载了法国的职官、国用、税务、银肆、商务、国会、礼俗、学校、教会、车路、邮政、刑律、水利等方面。他通过研究法国及欧洲其他国家的历史和现状，提出了中国人了解世界、认识世界的紧迫性。他联想到清初修《明史》时，人们甚至说不清楚法兰西位于何处，不禁感慨万千。在《法国志略》里，突出地反映了他对君主专制制度的批判态度。书中对路易十四的专横、路易十五的奢淫，都记载得清清楚楚。而对路易十六的"新政"则表示赞赏，对路易十六之"从容就死"深表同情。这表明王韬只赞成君主立宪而反对法国大革命的暴力行动。宣扬君主立宪，主张改良立新是王韬写作《法国志略》的主要目的。

《普法战纪》是王韬另一本重要著作。1870年至1871年，普法战争刚刚结束，王韬随即摭拾其前后战书，汇为一体，成为《战纪》。写此书的目的也是让国人知晓，法国战败是君主专制造成的后果，只有君主立宪才是中国唯一的出路，否则也会爆发像法国大革命那样的残酷战争。《扶桑游记》和《漫游随录》是游记性质的著作，书中记载作者自己东渡日本、西游西洋的所见所闻。

刘熙载著《艺概》

清代文学理论批评家刘熙载在晚年著成诗文评论著作《艺概》。刘熙载（1813 年—1881 年），字伯简，号融斋，江苏兴化人。道光二十四年（1844 年）中进士，曾任广东提学使，在经学、音韵学、算学等方面研究深入，旁及文艺。

《艺概》是刘熙载平时论文谈艺的集大成，在晚年时汇编成书。全书共分6 卷，包括《文概》、《诗概》、《赋概》、《词曲概》、《书概》、《经义概》，分别论述文、诗、赋、词、书法、八股文等的体制流变、性质特征、表现技巧和评论重要作家作品。刘熙载在《艺概》中，强调作品的整体性，论所谓"词眼"、"诗眼"，提出"通体之眼"、"全篇之眼"；对不同风格、不同旨趣的作家作品，其长处与不足都如实指出，有精辟独到的见解。他还重视反映现实、作用于现实的文学作品，把作品的价值同作家的品格相联，强调"诗品出于人品"；论词不囿于传统见解，提出自己的独到观点。他用作品词句来概括作家风格特点的评论方式对后世有一定影响。

刘熙载的《艺概》在近代文学理论批评方面有极大的参考价值。

康有为公车上书

光绪二十一年（1895 年）四月，康有为联合上京会试举人，联名上书光绪帝，这是历史上著名的"公车上书"。

甲午战败，清政府被迫与日本签订了丧权辱国的《马关条约》，激起了广大人民的强烈反对。空前严重的民族危机，也刺激爱国知识分子干预国事，要求维新变法，拯救国家。四月八日，康有为联合在京参加会试的举人 1300 多人在松筠庵集会，联名上书光绪帝，痛陈割地弃民的严重后果，指出割让台湾将失去全国民心，力主拒绝和议，明定对策。

上书提出了四项解决办法：一、下诏鼓天下之气；二、迁都定天下之本；三、练兵强天下之势；四、变法成天下之治。康有为指出前3 项还只是权宜应敌之策，第 4 项才是立国自强的根本大计。

康有为像

过去举人坐公车，所以这次举人的联名上书被称为"公车上书"。

"公车上书"原名为《上皇帝书》，由康有为连夜起草，长达 14000 多字，也是康有为第二次向清帝上书。这次上书，都察院以《马关条约》已经签定，无法挽回为理由，拒绝接受，但是，上书却在全国广泛流传。

"公车上书"标志着酝酿多年的资产阶级维新变法思潮已发展成爱国救亡的政治活动，对社会的影响和震动很大，康有为从此取得了维新运动领袖的地位。

梁启超提出新史学

光绪二十七年（1901 年），29 岁的梁启超在《清议报》上发表《中国史叙论》一文；次年，他又在《新民丛报》上发表长文《新史学》。这两篇论文，是中国资产阶级史学家批判传统史学、试图建立新的史学理论体系的重要标志。《中国史叙论》是作者计划撰写一部中国通史的理论构想。《新史学》

是作者在《中国史叙论》的基础上，就普遍的史学理论问题作进一步阐发。作者以"新史氏"自称，呼吁"史界革命"，倡导"新史学"。

历史学应以进化论为指导思想，考察和叙述种种进化的现象，这就是"新史学"的本质。

关于历史哲学和史学的社会作用，作者指出："历史'撰述'者，叙述人群进化之现象而求得其公理公例者也。"这里说的"公理公例"，就是他说的历史哲学。作者认为：史学（即关于历史的研究和撰述）是由"客体"和"主体"结合而成的。所谓客体，"则过去、现在之事实是也"；所谓主体，"则作史、读史者心识中所怀之哲理是也"。《新史学》第一节首论"中国之旧史"，是梁启超为创"新史学"而对中国"旧史学"展开批判的论纲，而这种批判又贯穿在《中国史叙论》、《新史学》二文的始终。梁启超肯定中国传统史学是发达的，但是，他对这种"发达"是持否定态度的。他说："兹学之发达，二千年于兹矣。然而陈陈相因，一丘之貉，未闻有能为史界辟一新天地，而令兹学之功德普及于国民者，何也？吾推其病源，有四端焉。"他说的"病源"四端是："一曰知有朝廷而不知有国家"；"二曰知有个人而不知有群体"；"三曰知有陈迹而不知有今务"；"四曰知有事实而不知有理想"。

顾炎武行万里路读万卷书

康熙二十一年（1682 年）正月八日，学者顾炎武去世。

顾炎武被称为清朝"开国儒师"、"清学开山"始祖，是著名经学家、史地学家、音韵学家。他一生辗转，行万里路，读万卷书，开创了一种新的治学门径，成为清初继往开来的一代宗师。

顾炎武（1613 年—1682 年），原名绛，清兵攻占南京后改名炎武，字宁人，江苏昆山人，因故居旁有亭林湖，人们称之为亭林先生。他出身于"江东望族"，自幼过继给叔母，嗣母和嗣祖常以民族气节和关注社会现实熏陶他。14岁时即参加复社活动，与复社名士议论学术和国家大事。乡试落第后，毅然摆脱科举考试的桎梏，发愤钻研"经世致用"的实用之学。他辑录了历代文书、方志中有关全国各地山川形势、农田、水利、兵防、物产、赋税、交通等大量资料，撰写了《天下郡国利病书》和《肇域志》。

清兵攻陷南京后，他侍奉嗣母避乱于常熟，因感激明朝旌表之恩，其母义不受辱，绝食七日而死，并遗嘱顾炎武读书隐居，不仕二姓。他深受感动，积极投入昆山人民的抗清武装斗争。失败以后，他开始了漫长的逃亡生涯，频繁地往来于江苏、浙江、山东、河北、河南、山西、陕西各地。用马骡驮着书籍，行万里路，读万卷书。风尘仆仆，颠沛流离，与各地遗民和抗清志士广泛联络，企图发动抗清武装斗争。当清朝廷征召他赴博学鸿词和参修国史时，他都断然拒绝，说人人都可以仕，唯他一人不能，并以身殉难来抗命。

顾炎武广泛接触了社会现实，搜集了大量的第一手资料，与许多知名学者深入探讨学术和各方面的问题，实地考察了西北山川地理，发现与典籍不符的，立即进行校勘，以严谨的作风，在极度艰苦的条件下，完成了传世之作《日知录》。

顾炎武丰富的著作，始终贯穿着"明道救世"的经世思想。认为探索"国家治乱之源，生民根本之计"是当务之急。因而他一开始就大胆而有力地揭露明中叶以来严重的土地兼并的黑暗现实及赋税繁重不均等社会弊端，

顾炎武像

江苏昆山顾炎武墓地

清道光刻本《天下郡国利病书》

并以大量的著作讨论其产生的社会历史根源，表达了要求社会改革的希望并提出了改革军制、田制、钱法的一些设想。在《郡县论》中，主张将县令固定于某一地，对其政绩长期考核，如果合格可令其世袭或举荐继承者，并将其家眷迁往住所，除上缴国家所规定的赋税以外，剩余部分由自己支配，似乎有将国有资产和土地承包经营的思想。这种变革郡县制的思想一方面是对封建专制制度的否定，另一方面也顺应了资本主义萌芽的社会条件下生产力发展状况的要求。甚至可以认为他是中国国有土地私有化思想的首创者。对私有制的大胆肯定反映了新兴市民阶层的思想意识。顾炎武还提倡"利民富民"，并认为"善为国者，藏之于民"。他大胆怀疑君权，并提出了具有早期民主启蒙思想色彩的"众治"的主张。他所提出的"天下兴亡，匹夫有责"这一口号，意义和影响深远，成为激励中华民族奋进的精神力量。

明中叶以后，宋明理学日趋空疏，在这一历史趋势中，顾炎武尖锐地抨击理学，从而建立了他自己的以经学济理学之穷的学术思想。这种对心学以至理学的批判建立在总结明朝覆亡的历史教训的前提之下，在他看来，阳明心学的空谈误国是明亡的最根本原因。并且指出渐遁禅学的心学与儒学原有的修齐治平思想的根本背离。进而批判以程朱理学为唯一内容，八股文为考试形式的科举选士的弊端。在《生员论》中，他极力揭露科举以及与之相关的政治、吏治和社会状况。认为天下约50万人的生员，学习制艺之文的目的都是出于名利，而不可能产生国家所需要的"经世"之材，废除了生员就可使"官府之政清"，"百姓之困苏"，"门户之习除"，"用世之材出"。这种对理学统治下的封建政治的否定态度十分深刻，否定之后建构起来的就是使"用世之材出"的经世致用的实学。正是在这一指导思想下，顾炎武开创了清初的实学之风。

顾炎武行万里路，读万卷书，使他不仅"博学于文"，而且广泛接触了社会实际，理论和实践的结合，产生了清初崭新的学风。顾炎武的这一开创影响十分深远，直至今日，这一方法还在指导我们的学术活动。

谭嗣同著《仁学》

光绪二十三年（1897年），谭嗣同著成《仁学》一书。

谭嗣同字复生，号壮飞，湖南浏阳人。他厌弃科举，赞赏龚自珍、魏源以及黄宗羲、王夫之等人的著作，也曾接触一部分西学知识。甲午战争后，他追随康有为积极从事变法维新运动，与梁启超、唐才常等人在湖南组织"南学会"，开展反对旧学、提倡新学和筹划新政等变法维新的宣传和组织活动。戊戌政变中，谭嗣同是惨遭杀害的"六君子"之一，他是中国近代史上杰出的爱国者和进步的思想家。

谭嗣同像

《仁学》是谭嗣同在哲学思想上的代表作，反映了他在由旧学转变为新学过程中新旧思想之芜杂和矛盾的交织。

首先，表现在哲学的世界观上，他有继承中国古代唯物主义思想传统的

图为时务学堂的部分教员（左二为谭嗣同）

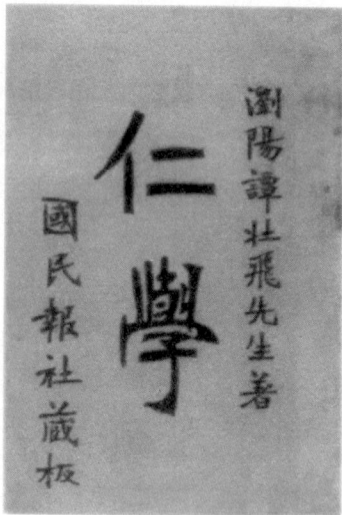

《仁学》

一面。在传统的"道器论"上，他发挥了王夫之的"道不离器"的唯物主义命题。他反对先天不变的思想，从而为变法维新提供了理论依据。他借用"以太"这一近代科学的物质假说，说明物质是由"原质"构成的。他借助光、声、电以至人体生理学等西方近代自然科学知识来解释自然现象，从而表现出明显的机械唯物论的倾向。但是，在宇宙本原问题上，谭嗣同又提出"仁"为宇宙本原，"以太"和"仁"的关系，则是体用一致的关系；"以太"为"仁之体"，"仁"为"以太之用"；同时又认为"以太"和"仁"一样，是一种精神性的实体，相当于宗教的"灵魂"，精神性的"心力"。从"以太"到"仁"到"心力"，反映了他在世界观方面的动摇性。

其次在认识论方面，他既承认认识来源于客观实体，感官接触是人们认识的出发点；但又怀疑一般感性认识的可靠而夸大感性认识的相对性，于是由相对主义的怀疑论走向了神秘主义的"顿悟"论。

第三，在谭嗣同自相矛盾的思想体系中，既包含"日新"说的辩证法思想，还含有形而上学循环论的成分。他继承了王夫之"天地之化日新"的辩证发展观，把"日新"说看成是事物发展的普遍规律。他说："天不新，何以生？地不新，何以运行？日月不新，何以光明？……以太不新，三界万法皆灭矣。"谭嗣同还进而从理论上论证了"日新"的动力，在于"以太之动机"，即物质内在的自我运动。

此外，谭嗣同还运用"日新"说以论证社会法制也不是僵化不变的，而是要随着时代的变化而不断变化发展。他明确提出"汉唐无今日之道，今日无他年之道"，为变法维新运动提供理论根据。

谭嗣同《仁学》中的思想矛盾，既说明他为了寻求救国救民的真理而表现出来的勇敢精神，又反映了他作为当时先进知识分子在思想上的局限性。

周作人倡导美文

周作人（1885年—1967年），原名槐寿，字星杓，后改名奎绶，自号起孟、知堂等；浙江绍兴人，文学大师鲁迅之胞弟，现代散文家，重要笔名有独应、仲密、周遐寿等，1901年始用周作人名。周作人曾是"五四"时期新文化运动的重要代表人物之一；后来思想逐渐远离时代主流，为苟全性命于乱世，提倡"闭户读书"；终至在抗日战争爆发后留在被日寇占领的北平，出任伪职；抗战胜利后以叛国罪入狱。中华人民共和国成立后，主要写作有关鲁迅的回忆资料并从事日本、希腊文学作品的翻译。

周作人在"五四"时期曾参加发起文学研究会，并为《新青年》的主要撰稿人之一，写过《人

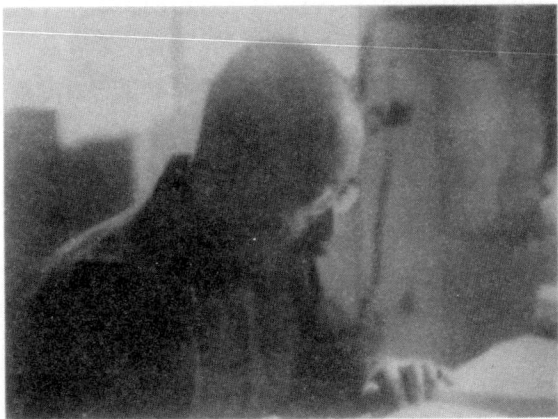
周作人20年代小照

的文学》、《平民文学》、《思想革命》等重要理论文章，提出文学革命应以思想革命为首要。他早期的散文及新诗创作亦显示了文学革命实绩，其代表作品《小河》、《歧路》等在当时有较大影响。"五四"后周作人还写了大量"社会批评"与"文明批评"散文。

周作人作为现代文学史上有影响的散文家，最早在理论上引入了西方的"美文"概念，倡导文艺性的叙事抒情散文。他在创作实践中追求平和冲淡的境界，这一方面表现在文章内容空疏和作者态度的恬淡；另一方面则指文字表达上的不重藻饰、大巧若拙，在适度的含蓄中另有一种"涩"味，构成淡远幽隽的风格。他"五四"后的一些散文表现了发扬个性、不满军阀统治、嘲讽传统道德等内容，如《碰伤》、《沉默》、《门前遇马队》等，但文章并不露义愤之情，只是在清恬闲淡的形式中暗寓讽刺。最能体现这种平和冲淡风格的，当属他的小品文。他从英国随笔、明末公安小品、日本俳文中汲取养料，结合自己的个性，追求知识、哲理和趣味的统一。这些作品多为小题材，如《故乡的野菜》、《乌蓬船》等，虽然思想意义不大，但自有亲切、通达的风致，从容描绘中散发着闲适恬淡的意趣。随着思想的演变，周作人三四十年代的散文小品日益远离"人间烟火"，越来越局限于身边琐事，沉缅于"草木虫鱼"，追求性灵和隐逸。由于取材脱离现实，周作人后期的散文影响渐趋缩小。周作人的散文结集有《自己的园地》、《谈虎集》、《瓜豆集》、《知堂文集》等21种。

周作人倡导美文，对中国现代散文的发展起了积极作用，彻底打破了美文不能用白话的迷信。在周作人的影响下，俞平伯、废名等作家在20年代形成了一个以"冲淡"、"清涩"为主要特色的散文创作流派。

一代治学巨匠王国维自沉

　　1927 年 6 月 2 日上午 8 点，王国维照常到清华研究所，让听差取来学生成绩稿本，而且和同事谈下学期招生之事甚久。随后他借洋 2 元雇了一辆洋车，直赴颐和园。他先在石舫前兀坐，久之，复步入鱼藻轩吸纸烟，接着便听见投湖之声。被人救上来时，其间不过两分钟，衣犹未尽湿，而气已绝，口鼻之中皆为泥土所塞。他衣袋中有一封给家人的遗书，写道："五十之年，只欠一死；经此世变，义无再辱。我死后当草草棺殓，即行槁葬于清华茔地。汝等不能南归，亦可暂于城内居住，汝兄亦不必奔丧，因道路不通，渠又不曾出门故也。书籍可托陈、吴二先生处理，家人自有料理，必不至不能南归。我虽无财产分文遗汝等，然苟谨慎勤俭，亦必不致饿死也。五月初二日，父字。"遗书是前一天写下的，前一天清华研究所已放暑假，师生于工字厅开惜别会，王国维亦参加，与人作别如平时，因此他是从容赴死的。

　　王国维（1877 年—1927 年），字伯隅，号静安，又号观堂，浙江海宁人，清末民国初年文史学者，在经史金石之学上，注重新发现，采取新方法，强调古文字古器物之学与经史之学互为表里，突破甲骨文研究的文字考释范围，将其作为原始史料，用以探讨商代的历史、地理和礼制，

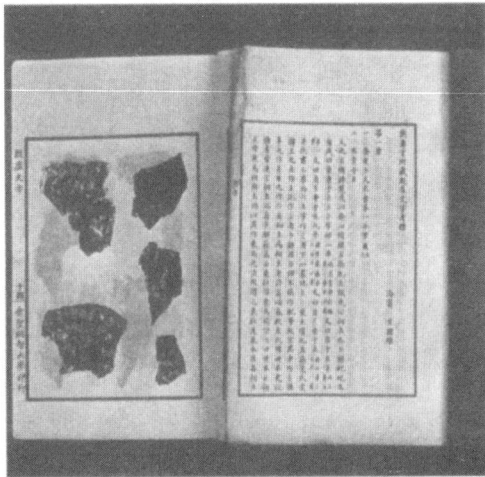

王国维《戬寿堂所藏殷虚文字考释》

国学大师王国维

取得了前辈学者和同辈学者所无法比拟的成就。1907年起从事词曲和戏曲史的研究，对后世影响较大的论著有《人间词话》和《宋元戏曲史》（又称《宋元戏曲考》）。

王国维首先看到元杂剧的艺术价值，花了近5年的时间，专心致力研究元杂剧、宋元南戏的历史，写出《曲录》、《唐宋大曲考》、《戏曲考源》、《优语录》、《古剧脚色考》等专著，最后写出《宋元戏曲史》，填补了中国文化史上的空白，开辟了一门新学科。王国维《宋元戏曲史》揭示了戏曲艺术的起源和形成过程，并从形成戏曲艺术的各种艺术因素，对古优、巫觋、汉唐歌舞百戏、滑稽戏到宋金院本、各种乐曲、说唱文学、小说、傀儡戏、影戏等，逐一考证它们的来源、内容、表现形式和艺术特点，从各种艺术的发展变化中，阐述戏曲艺术的孕育形成过程。王国维为所遗《人间词话》被奉为文学批评之圭臬。